O poder do
Mentoring
&
Coaching

O poder do Mentoring & Coaching

Profissionais apontam
caminhos e trilhas
para o estado desejado,
com foco na
realização pessoal e profissional

coordenação
Marcos Wunderlich
e Andréia Roma

1ª edição

São Paulo, 2016

Copyright© 2016 by Editora Leader
Todos os direitos da primeira edição são reservados à **Editora Leader**

Diretora de projetos
Andréia Roma

Diretor executivo
Alessandro Roma

Projeto gráfico e diagramação
Roberta Regato

Revisão
Miriam Franco Novaes

Gerente comercial
Liliana Araujo Moraes

Impressão
Color System

Dados Internacionais de Catalogação na Publicação (CIP)
(Câmara Brasileira do Livro, SP, Brasil)

O Poder do mentoring & coaching : profissionais apontam caminhos e trilhas para o estado desejado, com foco na realização pessoal e profissional / coordenação Marcos Wunderlich e Andréia Roma. -- 1. ed. -- São Paulo : Editora Leader, 2016.

Vários autores.
Bibliografia.
ISBN 978-85-66248-44-9

1. Coaching 2. Crescimento pessoal 3. Desenvolvimento profissional 4. Mentores nos negócios 5. Mentoring 6. Pessoal - Treinamento I. Wunderlich, Marcos. II. Roma, Andréia.

16-02685   CDD-658.3124

Índices para catálogo sistemático: 1. Mentoring e coaching : Administração de empresas 658.3124

EDITORA LEADER
Rua Nuto Santana, 65, 2º andar, sala 3 - Jardim São José, São Paulo - SP
02970-000 / andreiaroma@editoraleader.com.br
(11) 3991-6136

"Feliz aquele que transfere o que sabe e aprende o que ensina."
(Cora Coralina)

A Editora Leader agradece a participação dos (as) especialistas convidados (as) para fazer parte desta obra, certa de compartilhar o melhor e mais atual conteúdo para o mercado de trabalho.

Procuramos selecionar destacados (as) profissionais em cada área publicada com foco na qualidade e experiência de cada um.

Desejamos que você, leitor, obtenha ainda mais resultados com este conteúdo, proporcionando crescimento pessoal e profissional.

Andréia Roma
Fundadora e Diretora da Editora Leader

Índice

Introdução - por Marcos Wunderlich 8

Capítulo 1 - Ana Valéria de Barros Gounaris
Identidade e alteridade no Coaching 11

Capítulo 2 - Andréia Paoliello
Estratégia de Coaching para alavancar a sua Marca Pessoal 21

Capítulo 3 - Beatriz Guenther
A pegada dos competentes 33

Capítulo 4 - Cleide Ribeiro Barbosa
Carreira e sucesso: um legado inestimável 45

Capítulo 5 - Denver Felix
Coaching para a Liderança Cristã... 55

Capítulo 6 - Dimitrios Asvestas
Aprecie as flores no caminho... 65

Capítulo 7 - Emanuel Ribeiro de Souza
Mentoring e Coaching para a transformação pessoal 75

Capítulo 8 - Francisco Edilson Freire Júnior
Liderança em tempos de crise 87

Capítulo 9 - Gizeli Ribeiro
Os segredos do Coach bem-sucedido 97

Capítulo 10 - Josiski de Paula
A mentoria holônica nos negócios e na política 107

Capítulo 11 - Lisângela da Silva Antonini
Coaching nas organizações: foco no talento
e na disciplina das equipes.. 119

Capítulo 12 - Lúcia Helena Perez
Autoconhecimento: sejamos cocriadores das nossas realidades.......... 135

Capítulo 13 - Marco Túlio Costa
PNL aplicada ao Coaching e ao Mentoring: o processo de mudança 145

Capítulo 14 - Mariana Domitila
Mentoring e Coaching Acadêmico: o ensino superior frente
os desafios da modernidade líquida 153

Capítulo 15 - Mônica Fernandes
Como ser mais feliz, através do Coaching? 163

Capítulo 16 - Randolfo Decker
Coaching e Mentoring na Era da Inovação 173

Capítulo 17 - Ricardo Tóffoli
Qualidade de vida no trabalho: a contribuição do comportamento
seguro para a saúde das organizações 183

Capítulo 18 - Roberto Silvio Santos
Superando a ansiedade com o Coaching 191

Capítulo 19 - Rogério Bohn
Conversando sobre Coaching 203

Capítulo 20 - Vanderlei Heloany
Atuação do Mentoring e do Coaching para executivos 211

Capítulo 21 - Vinícius M. Santucci
Relacionamento e tensão 219

Capítulo 22 - Viviane Peba Lopes Tatagiba
Ressignificando valores: modificando crenças,
concretizando sonhos 229

Marcos Wunderlich
O diferencial do Sistema ISOR® para atividades de
Mentoring e Coaching Holo-Sistêmico 237

Introdução

Marcos Wunderlich

Cumprimento você, que neste momento acessou a introdução deste livro - O Poder do Mentoring e Coaching. Sou o coordenador editorial e também presidente do Instituto Holos, que em parceria com a Editora Leader está promovendo esta edição. Dou as boas-vindas!

Muito se tem falado e escrito sobre o tema, mas esta edição tem um diferencial: todos os co-autores são formados no Instituto Holos em Mentoring e Coaching Holo-Sistêmico (Holomentoring®) com aplicação da metodologia ISOR®. No primeiro capítulo farei uma explicação das origens e objetivos do que chamamos de Isomorfismo (coerência) de Relação, ISOR®.

Um aspecto que considero relevante é que se trata de uma metodologia ampla e aberta. Fornecemos referenciais temáticos em forma de gráficos que abordam importantes temas da vida, interligamos todos estes entre si e orientamos o uso destes instrumentos ou ferramentas para cada situação particular do cliente. Assim, cada profissional adquire uma completa metodologia com direcionamentos e entendimentos mais avançados ou mais amplos, com suporte na mentalidade holístico-sistêmica.

Damos muita ênfase ao primoroso atendimento a cada cliente em particular, e reforçamos particularmente a motivação prestadia de quem exerce o papel de Mentor ou Coach. Em segundo lugar reforçamos a plena consciência da mentalidade (visão de mundo ou cosmovisão) com a qual estes papéis são exercidos.

São dois pontos fulcrais para o sucesso de um Mentor e/ou Coach. A motivação prestadia é assim chamada para caracterizar uma atitude interior especial, a partir da qual se exerce a atividade. Este lugar é o coração, o desejo de bem servir ao outro para que realmente possa superar suas dificuldades e que evite sofrimentos desnecessários. Ou seja, para se tornar um profissional ISOR® será necessário, antes de mais nada, amar e gostar de pessoas, e mover-se a partir deste lugar.

Mas isto não basta, é pouco. Sabemos que a mentalidade tem a função de criar e interpretar o mundo que cada um percebe. Os nossos pensamentos, valores e modelos mentais criam as nossas facilidades ou dificuldades, cria-se um céu ou um inferno, a diferença está na mente. Devido a isto um Mentor e/ou Coach ISOR® aprende a interpretar a sua própria mentalidade, bem como do seu cliente. Com esta valiosa ferramenta muitas dificuldades são resolvidas ou solucionadas quase imediatamente. Basta adotarmos uma nova forma de ver ou de pensar mais elevada daquela que criou a dificuldade, e com isto superamos a visão anterior que criou o problema (chamamos isto de Técnica de Rastreamento e Ampliação da Mentalidade). Claro, é importante as pessoas saberem que toda e qualquer visão de mundo pode ser ampliada.

Neste livro, você - o leitor - entrará em contato com diferentes e ricas experiências com que os autores nos brindam.

São variadas leituras ou visões das atividades de Mentoring e Coaching que cada coautor realiza, um diferente do outro, cada um de uma forma particular, cada um acoplando à metodologia as suas experiências de vida e seu saber particular. E assim cada um atrairá clientes que tenham afinidade com esta forma particular de agir.

Boa leitura!

O poder do
Mentoring & Coaching

Ana Valéria de Barros Gounaris

Identidade e alteridade no Coaching

Ana Valéria de Barros Gounaris

Mestre em Psicologia com ênfase em Fundamentos Psicossociais do Desenvolvimento Humano. Graduada em Psicologia, pós-graduada em Administração de Empresas, com especializações em Psicologia Social e Gestão de Pessoas. Certificada em programas nacionais e internacionais de Coaching, Mentoring & Holomentoring, Transpersonal Coaching, The Inner Game, Assessment, Human Performance Improvement.
Diretora da BRIGHTLINK Consultoria e da EXTENDED DISC Brasil, reunindo mais de 30 anos de experiência profissional, com excelência reconhecida na gestão e realização de projetos de desenvolvimento de pessoas, equipes e organizações.
Credenciada pela ICF - International Coach Federation como PCC - Professional Certified Coach, palestrante, conferencista, articulista, docente, consultora e facilitadora de treinamentos.

ana.gounaris@brightlink.com.br
www.brightlink.com.br

O relacionamento entre Coach-coachee (ou cliente) é a base que sustenta o Coaching e tem sido considerado como fator-chave de sucesso deste processo. Diferentemente da relação terapeuta-paciente, cuja literatura e estudos disponíveis datam de mais de cem anos, o relacionamento no Coaching ainda é tema que requer maior compreensão.

Segundo a ICF – International Coach Federation[1], "Coaching é uma parceria entre o Coach (profissional treinado para entregar o processo de Coaching) e o coachee (pessoa que passará pelo processo de Coaching), em um processo estimulante e criativo que o inspira a maximizar o seu potencial pessoal e profissional, na busca do alcance dos seus objetivos e metas, por meio do desenvolvimento de novos e mais efetivos comportamentos".

Esta parceria é estabelecida entre Coach-cliente sendo motivada pelo objetivo em comum a ser alcançado em futuro breve a partir de encontros individuais. O Coaching pode ser entendido como um relacionamento, com base na cooperação voltada para mudança e transformação, no qual o vínculo relacional é inicialmente estabelecido, exercido por um período de tempo e finalmente rompido.

A relação entre essas duas pessoas expressa uma comunhão de objetivos, mas com papéis diferentes, pois não é igualitária na medida em que foi estabelecido um acordo ou contrato formal que define as responsabilidades de cada parte, isto é, o Coach está a serviço do seu cliente e, portanto, é demandado pela "entrega" deste serviço.

A partir de uma perspectiva relacional, temos ao menos três relações identitárias acontecendo neste processo: eu-eu (Coach), outro-outro (cliente), eu-outro (Coach-cliente). No caso em que a empresa contrata o serviço de Coaching para um de seus funcionários, ainda temos: eu-eles, outro-eles, nós-eles, e assim por diante a cada elemento incluído nesta teia de relações.

Inicialmente, enfocando as relações que se passam internamente do eu-eu (Coach) e outro-outro (cliente) são independentes da variável tempo, pois ocorrem de forma síncrona ou assíncrona, isto é, antes, durante ou após a reunião de Coaching. Não raramente, acontece um monólogo, onde por um lado o Coach e por outro o cliente estão conversando consigo próprios.

Nesta conversa interna, por exemplo, o Coach revisita o que já foi dito,

---

1. ICF - International Coach Federation: Maior associação global de Coaches, fundada em 1995, sem fins lucrativos, a sua missão é contribuir para o avanço da arte, ciência e prática do Coaching profissional.
Disponível em: http://www.icfbrasil.org/icf/index.asp?id=2 Acesso em 10 de setembro de 2015.

reconhece padrões de discurso, pensa na próxima pergunta, desafia a si mesmo na busca do próximo passo... Por sua vez, o cliente pensa no seu futuro e já não está mais presente, se preocupa pela sua ausência no trabalho para estar na reunião, tem um insight, pergunta-se o que fará se perder o emprego etc.

Enfim, a idiossincrasia de mundo próprio torna o indivíduo refém da relação consigo mesmo. Como em outros relacionamentos humanos, nossos mundos individuais continuam girando no âmbito subjetivo, estando ou não em Coaching.

Na minha experiência posso reconhecer quando este monólogo vai se tornando em certa medida audível, vindo à tona em um desabafo. Então, se inicia o solilóquio, em que são verbalizadas as questões de foro mais íntimo, por vezes dolorosas ou até fantasiosas, que a autocrítica retarda o quanto for possível, para que não sejam compartilhadas. Neste momento, o que era do outro-outro se torna nosso, ou seja, da relação eu-outro.

Não só a prática mas também as pesquisas (GYLLENSTEN & PALMER, 2007) confirmam que a confiança e transparência fortalecem o vínculo relacional facilitando a autorrevelação, preservada pela confidencialidade, como também eleva o valor percebido do Coaching, alcançando resultados ainda mais positivos no processo.

O relacionamento eu-outro acontece através do diálogo voltado ao desenvolvimento dos envolvidos, propiciando um novo estado de consciência e transformação interna, que se expande para as ações e comportamentos diários. Pode acontecer presencialmente ou à distância, isto é, na reunião presencial ou por meios de comunicação remota (telefone, teleconferência, Skype etc.), portanto independe da variável espaço, pois os interlocutores não necessitam estar frente a frente fisicamente na mesma sala.

Em uma dimensão intrínseca, o eu-outro existe enquanto um modelo de "ser com o outro" (HEIDEGGER, 1989), isto é, tanto o Coach como o cliente possui internamente um formato de "ser-no-mundo" que antecede este relacionamento presente. Partimos de uma rede de referências internalizadas para dar significado ao mundo, reconhecemos esta matriz inerente a nós mesmos como identidade.

A identidade é um "fenômeno que deriva da dialética entre um indivíduo e a sociedade" (BERGER & LUCKMANN, 2003) que se modifica através de processos e relações sociais, como no Coaching. O Coach e o cliente estão mutuamente se influenciando e modificando.

Quer queira ou não cada um fala de acordo com a própria perspectiva psicossocial, visto que: "Não há pensamento humano que seja imune às influências ideologizantes de seu contexto social" (BERGER e LUCKMANN, 2003).

A identidade se forma a partir do universo social em que a pessoa está inserida, portanto, o fenômeno relacional do Coaching é também um encontro de identidades repleto de formatos e significados. Esta coexistência requer o reconhecimento do outro enquanto alteridade, distinto de mim, pois sem o reconhecimento do outro a identidade do si mesmo não teria consistência na dinâmica social.

Alteridade vem do latim "alter", que significa outro, o indivíduo no universo social tem uma relação de interação e dependência com o outro. O "eu" no sentido individual só poderia existir a partir da relação com o "outro", que é diferente de "eu". Ao se "alterar" o próprio "eu" se torna outro, diferente do que foi. É uma "metamorfose: a gente ir se transformando permanentemente" (CIAMPA, 2001).

Na perspectiva filosófica alteridade seria o contrário de identidade, o reconhecimento da singularidade. Antropologicamente, alteridade e identidade são conceitos interdependentes, pois só podem ter significado em função um do outro, a existência do eu indivíduo se constitui a partir do outro, que permite a compreensão do mundo através dos olhos de outro desta relação. Aparentemente contraditório, mas profundo em sabedoria, pois somente através da experiência de ver-se através dos olhos dos outros é que poderemos nos compreender.

O Coaching é o relacionamento que amplifica o autoconhecimento e propicia uma transformação interior, e aí nos deparamos com uma "alter--ação" na identidade do cliente e na percepção acerca de si próprio e dos outros, o que lhe proporciona maior clareza das opções disponíveis.

O Coach convida o cliente a explorar ideias e alternativas, estimulando a análise de opções de ação e encorajando a responsabilidade de tornar estas ações uma realidade. Assim sendo, o potencial de realização do cliente é liberado para que possa ir em direção aos seus objetivos. O Coach apoia este percurso ao invés de ensiná-lo como caminhar.

O Coach não temerá aqueles que o acusam de não querer ensinar, pois, assim como Sócrates preconizava, a missão é estimular o outro a "parir o conhecimento" que tem dentro de si mesmo. Na filosofia socrática, a maiêutica[2] era constituída da arte de fazer perguntas para levar o interlocutor a descobrir conhecimentos que ele possuía sem que nem mesmo o soubesse, no sentido figurado "dar à luz a ideias".

Desta forma, o indivíduo não terá respostas de outrem, mas irá buscá-las dentro de si mesmo, tendo sua fonte de saber estimulada pelo poder das perguntas. Alcança, assim, um conhecimento mais profundo acerca de si mesmo, dos outros, das coisas ao seu redor, ampliando sua percepção sobre o mundo.

As perguntas do Coach devem levar a novas e futuras possibilidades de ser. Assim como Sócrates, o Coach parte da certeza de que nada sabe, para esvaziar seu ego e ser humilde para não dar ao cliente seu julgamento ou conselho. Claro que o Coach pode expressar-se, mas desde que solicitado e apropriado em suas colocações, seja ao fornecer uma informação ou um ponto de vista, deve evitar a entonação de verdade absoluta.

Mesmo perante a tentação de colonizar[3] as escolhas do cliente, o Coach deve se prevenir desta armadilha, pois tentar convencer o cliente retiraria um ingrediente importante do Coaching, que é a responsabilidade do cliente pelas suas escolhas. Quando o cliente assume suas próprias ideias e ações, o seu compromisso pessoal aumenta e o impulsiona. Afinal, somos o resultado de nossas próprias escolhas.

As perguntas do Coach não buscam razões no passado, e sim focam no que poderá ser feito daqui em diante. O "porqueísmo incita explicações e desculpas, convida ao retorno ao passado" (FONSECA, 1999). O cliente não tem que dar explicações para o Coach, se a pergunta não impulsionará o cliente, não deverá servir à curiosidade do Coach.

É preciso esperar o melhor do cliente, abrir mão de pré-julgamentos e não temer instigar, isto é, provocar acreditando e usando perguntas poderosas. Dando valor aos brotos que poderão se tornar ideias frondosas.

O Coaching propicia às pessoas a reflexão e consciência do conheci-

---

2. Maiêutica: Em grego, μαιευτικη — maieutike — significa "arte de partejar". Criada por Sócrates no século IV a.C., tem seu nome inspirado na profissão de sua mãe, Fanerete, que era parteira.
Disponível em: https://pt.wikipedia.org/wiki/Mai%C3%AAutica Acesso em 10 de setembro de 2015.

3. Colonizar: Em referência à frase do escritor português José de Sousa Saramago: "Aprendi a não tentar convencer ninguém. O trabalho de convencer é uma falta de respeito, é uma tentativa de colonização do outro."

mento que elas próprias possuem e, a partir deste esclarecimento, ao tomar posse deste saber, tornam-se responsáveis por praticá-lo, transformando o plano em uma ação real e com significado.

Tal consciência dá ao "eu" o poder de alterar-se. "Só sou capaz de controlar aquilo de que tenho consciência. Aquilo de que não tenho consciência me controla. A consciência me dá poder" (WHITMORE, 2012). O esclarecimento leva à compreensão do próprio interior (autoconsciência), tornando o indivíduo mais pleno de si mesmo, assim como amplia a percepção do que está acontecendo a sua volta.

Ao enfrentar barreiras internas que restringem o movimento para frente do cliente em direção à meta do Coaching, o Coach tem o compromisso de apoiar o cliente nesta jornada até sua meta, isto é, o que ele deseja ser. Lembro que o Coach não tem as respostas e sim o cliente, portanto, o processo é orientado a facilitar "dar à luz a ideias".

Na minha experiência como Coach eu peço permissão para adentrar em questões delicadas e combino com o cliente no contrato inicial do Coaching que assim farei, mas em contrapartida, caso o cliente ainda não esteja pronto para lidar com certas questões, ele irá me avisar e eu respeitarei prontamente tal limite, enquanto lhe for necessário. Existe acolhimento, "autenticidade e transparência de sentimento; aceitação generosa e valorização do outro como indivíduo; sensibilidade para ver o outro e seu mundo com os olhos dele" (ROGERS, 2009). Mas, no relacionamento Coach-cliente, também deve haver encorajamento.

Como o Coach espera o melhor de seu cliente, ele acredita que opções existem e o convida a fazer esta exploração e descoberta. Através de perguntas o Coach apoia o cliente a perceber o seu próprio modelo mental, o qual lhe mostra a vida em dada perspectiva, isto é, a sua visão da realidade. Considerando que a vida reúne inúmeros aspectos, o modelo mental seleciona parte destes aspectos para formar uma percepção da realidade. Ao revisitar sua realidade percebida o cliente pode escolher mudar ou não, e decide quais opções de ação terá perante a barreira que até então era intransponível. Quando parece que estamos certos de que não há mais opções é aí que surge mais uma.

É a liberdade de escolha de como cada um se apropria de sua própria história de vida, a partir de uma conduta consciente, que expressa sua autonomia. "A individualização crescente mede-se não somente pela diferenciação de identidades singulares, mas também pelo crescimento da autonomia pessoal" (HABERMAS, 1990). Tal processo de diferenciação é produto do fortalecimento do esclarecimento das interiorizações sociais e do exercício de certa autonomia de ação.

Consciência e responsabilidade são fundamentais para gerar descoberta, experimentação e mudanças. O Coach incentiva o cliente a fazer agora, fornecendo suporte imediato. Como um arco, reconhece na flecha sua razão de existir, e na autonomia do outro a resultante do processo de diferenciação, isto é, sua alteração para outro "eu". O cliente parte da sua realidade atual rumo a quem ele quer ser no futuro. Em direção ao que estabeleceu como seu "eu melhor".

O Coaching propicia um encontro de identidades, é um compromisso relacional de transformação, cujo apogeu é alcançado através da obtenção do objetivo comum e consequente ruptura do relacionamento transitório de Coaching, para que sejam contempladas a autonomia e a alteridade, fundamentais neste processo para o cliente como para o Coach.

Muito ainda terá que ser conhecido acerca do Coaching, especialmente quanto ao relacionamento Coach-cliente. Novas perguntas serão feitas na busca de saberes a serem esclarecidos. Sapere aude![4]

Sinto-me privilegiada, pois como Coach profissional tenho compartilhado desta jornada de esclarecimento com meus clientes por cerca de duas décadas e celebro a oportunidade de permanecer ousando e fazendo descobertas todos os dias.

---

4. Sapere aude!: Lema latino que significa "ouse saber" ou "atreva-se a saber". Expressão empregada por Immanuel Kant em "Resposta à pergunta: O que é Esclarecimento?"
Disponível em: https://pt.wikipedia.org/wiki/Sapere_aude Acesso em 10 de setembro de 2015.

REFERÊNCIAS BIBLIOGRÁFICAS

BERGER, Peter L.; LUCKMANN, Thomas. A construção social da realidade. Petrópolis: Editora Vozes, 2003.

CIAMPA, Antonio da Costa. A Estória do Severino e a História da Severina. São Paulo: Editora Brasiliense, 2001.

FONSECA, José. Psicoterapia da Relação: elementos de psicodrama contemporâneo. São Paulo: Editora Ágora, 1999.

GYLLENSTEN, Kristina & PALMER, Stephen. The coaching relationship: An interpretative phenomenological analysis. International Coaching Psychology Review: Vol. 2, 2007.

HABERMAS, Jürgen. Pensamento pós-metafísico: estudos filosóficos. Rio de Janeiro: Tempo Brasileiro, 1990.

HEIDEGGER, Martin. Ser e Tempo, Vol. 1. Petrópolis, RJ: Vozes, 1989.

ROGERS, Carl Ransom. Tornar-se Pessoa. São Paulo: Editora Martins Fontes, 2009.

WHITMORE, John, Sir. Coaching para aprimorar o desempenho: os princípios e a prática do coaching e da liderança. São Paulo: Clio Editora, 2012.

O poder do
Mentoring & Coaching

Andréia Paoliello

Estratégia de Coaching para alavancar a sua Marca Pessoal

Andréia Paoliello

Mais de 20 anos de experiência em Gestão de Negócios e empreendedorismo.
Há nove anos prestando consultoria e mentoring de desenvolvimento pessoal e profissional.
Especialista em Conexão de Pessoas, é Personal Brander Coach, mentora, palestrante e consultora empresarial. Especialista em Desenvolvimento Pessoal e Profissional.
Ministra palestras, cursos presenciais e online. Idealizadora do programa inovador que já ajudou muitas pessoas a criarem uma Marca Pessoal de Sucesso. Neste programa, através de técnicas diferenciadas, ensina o poder da Imagem, do autoconhecimento, networking, liderança, marketing, persuasão e Influência com o objetivo de desenvolver uma reputação diferenciada, afim de auxiliar as pessoas a alcançarem o sucesso pessoal e a ascensão profissional.
Algumas de suas especializações: Curso Internacional (Europa - Lisboa/Portugal) Personal Branding, graduada pela faculdade UNA no curso de Cerimonial, Etiqueta, Promoções e Eventos. Cursou a faculdade de Logística. Possui formação de Coach e Holomentoring pelo Instituto Holos. Pós-graduada em Gestão Estratégica de Marketing pela Faculdade Newton Paiva. Pós-graduada em Marketing Digital pela faculdade Pitágoras. Possui também formaçãoTécnica em Gestão de Pessoas e Gestão de Negócios.

(31) 98487-6778 / contato@andreiapaoliello.com.br
www.personalbrand.com.br / www.andreiapaoliello.com.br

Se tem algo que admiro na vida é ver pessoas se destacarem em qualquer ramo de negócios. Eu fico a imaginar:

"O que elas fizeram para chegar até ali?

Que relações elas construíram?

Que imagem pessoal elas transmitiram ao longo da caminhada?

Como elas se comunicaram?

Quais os valores que essas pessoas possuem que as diferenciam?"

E você? O que sente e consegue visualizar quando alguém se destaca positivamente no ramo em que atua?

Você já percebeu que o destaque profissional acontece somente para alguns?

Por que há pessoas que possuem grande destaque no mercado e outras não?

Você gostaria de obter mais reconhecimento, ganhar mais reputação e ser reconhecido como um especialista, uma autoridade?

Uma carreira de sucesso começa individualmente, ou seja, por você. É fundamental vender a si mesmo, suas ideias, seus valores para o mercado.

Este capítulo foi organizado para ajudar você a começar estruturar o planejamento de sua marca pessoal.

Ao longo de anos prestando consultoria, mentoring, realizando treinamentos e palestras de desenvolvimento pessoal para empreendedores, eu tenho observado a seguinte situação:

As pessoas que mais se destacam são aquelas que desenvolvem o autoconhecimento, buscam sempre desenvolvimento da inteligência emocional, criam e gerenciam redes de relacionamentos eficazes e realizam o planejamento estratégico pessoal e profissional.

Em um mercado competitivo onde as pessoas não competem mais apenas regionalmente, é preciso sair da média, pensar fora da caixa para se destacar como um negócio de sucesso. O valor está na diferença, por isso é preciso construir uma história, desenvolver potenciais, uma vez que para ter uma marca pessoal com valor e alcançar o sucesso é preciso sim pensar em você mesmo como um negócio.

Todos nós, de forma consciente ou não, possuímos uma marca pessoal. A imagem que passamos, como nos comportamos, como nos mostramos e nos comunicamos causam reações boas ou ruins nas outras pessoas.

Quem você é?

Você já parou para se perguntar qual imagem você tem passado?

O que as pessoas falam de você, quando você não está na sala?

Como está a sua reputação?

Para que as pessoas lhe procuram?

Você sabia que tudo isso forma a sua marca pessoal?

Parecem ser perguntas fáceis mas não são. Todos nós somos uma mistura complexa. Cada ser humano possui atributos diferenciados. Responder a estas perguntas é parar um pouco para reconhecer a si mesmo e como você se vende para o mercado.

Afinal de contas, o que é marca pessoal, personal branding e marketing pessoal?

A marca pessoal é a percepção dos valores que uma ou mais pessoas possuem de um profissional ou de uma pessoa.

Personal Branding é a metodologia de planejamento da marca pessoal.

Marketing Pessoal é o instrumento utilizado para promover ações que facilitam a realização do sucesso pessoal e/ou profissional de um indivíduo.

Vantagens da construção consciente de uma marca pessoal

A marca pessoal oferece uma maneira única de melhorar o perfil profissional, a reputação, ajuda a aumentar a sua influência, credibilidade e confiança que as pessoas possuem em você.

A marca pessoal facilita a conquista da lealdade das pessoas e consequentemente aumenta seus ativos pessoais e profissionais.

Por onde começar?

Para começar o desenvolvimento da marca pessoal é preciso desenvolver o autoconhecimento.

Tenho trabalhado com o processo de desenvolvimento de marca pessoal, ajudado muitos profissionais, líderes e experts a desenvolverem de forma consciente a construção de uma imagem e fazerem os ajustes necessários para criarem a si mesmos como um negócio de sucesso.

É fácil perceber que o maior motivador para o início dessa caminhada da construção de uma marca se dá quando a carreira está ameaçada ou quando o profissional se sente insatisfeito seja com o emprego, com a empresa, com o cargo ou com a profissão atual. Às vezes as dúvidas são relativas ao futuro, como se destacar, como criar novas oportunidades de mercado, como criar relacionamentos relevantes, como gerar melhores resultados, se deve ou não empreender.

Nestes momentos sou procurada para ajudar no processo de criação de uma marca pessoal de sucesso.

Esse processo começa por meio do alinhamento e o ponto de partida para criação da marca pessoal se dá através do desenvolvimento do **autoconhecimento.**

No segundo momento desse processo passamos para outros estágios que são estratégias de **posicionamento e comunicação.**

O poder do Mentoring e Coaching

O processo da construção de uma marca pessoal se dá através de sessões de Mentoria e Coaching online ou presencial.

Buscando uma solução para ajudar mais pessoas por todo o país, estruturei um programa online onde você entra com seu login e senha, para ter acesso aos vídeos e materiais de apoio para que você mesmo possa desenvolver a construção de sua melhor versão. No entanto durante todo o processo online existe o suporte e monitoramento do seu desenvolvimento e você poderá sempre que desejar marcar sessões individuais para a mentoria.

O processo de Mentoring e acompanhamento da construção da marca pessoal é realmente uma ferramenta poderosa, que apoia o indivíduo para que obtenha êxito, garantindo o desenvolvimento e a realização pessoal e profissional na construção da Imagem e Reputação.

Primeira sessão de Mentoring para criação da marca pessoal

O programa desenvolvido por um profissional Personal Brander Coach é uma forma eficaz de compreender o potencial que cada indivíduo possui, bem como a forma de comunicar-se estrategicamente o valor único de cada pessoa, a fim de destacar a mesma no mercado em que atua, e obter a satisfação pessoal plena.

O primeiro encontro é mesmo importante e fundamental para compreender cada caso e explicar todo o processo. Essa primeira sessão pode ser presencial ou virtual e não possui custo algum.

Vamos começar?

Uma vez realizada a primeira sessão, que chamo de alinhamento, e o cliente está apto para dar início a todo o processo, começa então o trabalho.

Não vou descrever aqui todo o processo de cada sessão, mas se faz necessário e é primordial como mencionado anteriormente desenvolver o autoconhecimento.

Tudo o que o ser humano busca é a plenitude, ser feliz. Então ele, incansavelmente, não medirá esforços para obter a casa, o carro, o emprego ou o negócio dos sonhos. Ele quer dar o melhor para a família, por isso busca o melhor emprego no cargo dos sonhos na melhor empresa do setor. Ele conquista tudo, ou seja, o emprego, a casa, o carro e consegue dar o melhor para a família. Mas aí ele descobre que não se sente satisfeito.

Geralmente esta pessoa passa a se desmotivar, começa a buscar por culpados, arruma desculpas para justificar a sua insatisfação.

Veja bem, tudo o que essa pessoa queria era ser feliz, no entanto ela começa se sabotar, começa a perder prestígio, sua reputação não é mais a mesma, sua rede de relacionamentos não é mais gerenciada e a pessoa se sente infeliz. Em casa começa a discutir, não tem paciência com os filhos nem com o(a) companheiro(a).

Você já deve ter visto muitas vezes essa história bem próximo de você. Mas já parou para se perguntar: "Por que isso acontece? Afinal de contas, essa pessoa batalhou e conquistou tudo o que queria, mas está insatisfeita?" Será que existe resposta para essa pergunta?

Sim, existe sim resposta para essa pergunta.

Vivemos em um mundo onde tudo está em movimento a todo tempo. A vida é um processo cíclico, ou seja, tudo tem começo, meio e fim. Vivemos ao longo dos anos e de nossa vida milhares de ciclos, passamos por milhares de microprocessos. A vida é infinitamente inteligente e nos dá sempre a oportunidade de recomeçar todos os dias.

A felicidade é um estado de espírito, por isso hoje você é feliz e amanhã pode não se sentir tão feliz com a mesma situação. E está tudo bem, pois é a vida te tirando da zona de conforto e te fazendo movimentar-se, renovar-se.

Preste muita atenção, a vida de alguma forma lhe fará movimentar-se em busca de mudanças, tudo isso é um processo de evolução.

Você deve estar se perguntando agora: "Andréia, mas o que isso tem a ver com a construção de uma marca pessoal?"

Tem tudo a ver, uma vez que boa parte dessa insatisfação se dá por falta de autoconhecimento. Isso mesmo! Quando não desenvolvemos o autoconhecimento, nós encontramos a satisfação momentânea, no entanto quando criamos o hábito de desenvolver o autoconhecimento, nós passamos a nos realizar plenamente apesar de todo o processo cíclico que sabemos que é natural no decorrer de toda a nossa vida. Sabe por que isso acontece? Porque quando nos conhecemos melhor nos desenvolvemos de forma equilibrada e paramos de culpar o mundo por nossas insatisfações pessoais e profissionais, descobrimos o nosso propósito, nossa missão de vida.

Ao começar o processo de Mentoring e Coaching para a construção da marca pessoal de Sucesso trabalhamos o desenvolvimento do autoconhecimento a fim de ajudar o cliente a gerenciar melhor sua identidade, seus valores, missão, visão, objetivos pessoais e profissionais. Nesse processo de autoconhecimento levo o cliente à introspecção, na qual o mesmo é levado a criar a sua identidade como um todo.

Neste processo a pessoa:
- define claramente sua missão, valores e visão,
- conhece e potencializa seus pontos fortes,
- aproveita melhor o tempo,
- passa a ter mais foco,
- valoriza pessoas e cria novos relacionamentos,
- melhora o networking,
- reage melhor às críticas,
- aprende a fazer críticas construtivas, sem julgamentos,

- aprende técnicas para influenciar positivamente,
- atrai mais pessoas,
- comunica-se de forma assertiva,
- desenvolve o intelecto,
- desenvolve atitudes positivas,
- enfrenta melhor os desafios, tornando-se uma pessoa mais resiliente,
- desenvolve o autocontrole emocional.

Portanto, passa a ser mais atraente, recebe maior destaque e alcança o equilíbrio em todas as áreas da vida.

O desenvolvimento do autoconhecimento, portanto, é o alicerce da construção de uma marca pessoal de Sucesso.

Como podemos definir o sucesso?

E o que é Sucesso? Para alguns é possuir um alto cargo, para outros é ter dinheiro para comprar o que quiser, para outros é se formar em uma faculdade e passar em um concurso público, para outros ainda é abrir um negócio próprio.

Para entendermos o que é o sucesso, precisamos entender o que é o fracasso?

Durante os atendimentos que eu dou quase 100% das pessoas chegam à conclusão de que o maior fracasso de todos é o sucesso. Como assim? Vou explicar. As pessoas chegam à conclusão de que passaram muitos anos na vida correndo atrás de crescimento profissional para no final obter cada vez mais possessões materiais e, quando conseguem tudo, precisam traçar uma nova meta para adquirirem um novo bem.

Então como podemos definir o sucesso?

Sucesso certamente é o alcance de um objetivo proposto, portanto sempre vamos estar em busca do sucesso. O problema aparece quando apenas tentamos medir o nosso sucesso de acordo com as possessões materiais e as especificações padronizadas da sociedade, mesmo que essas não sejam as especificações do nosso interior. Assim começa a briga interna com o mundo externo e passamos a procurar os culpados por nossas insatisfações.

O sucesso somente fará verdadeiro sentido quando estiver alinhado com o seu interior. O sucesso faz sentido verdadeiro quando está alinhado as suas crenças, visão, missão e valores pessoais. Por isso se faz tão importante o autoconhecimento.

O que as pessoas desejam é serem reconhecidas, pelas suas qualidades, competências, seus pontos fortes e valores. Quando isso acontece significa que a marca pessoal foi bem planejada a fim de alcançar o objetivo de ser reconhecido e de destacar-se pelo que é e não pelo que possui.

O fato de se tornar mais reconhecido gera a possibilidade de praticar o networking de forma mais bem-sucedida, afinal, criar relacionamentos mais eficazes é fundamental para a vida profissional e social.

Quais os fatores que influenciam o sucesso?

- **Propósito -** Por que você faz o que faz? Aonde você quer chegar e em quanto tempo?
- **Motivação -** O que te motiva rumo ao seu objetivo?
- **Preço X Valor -** Quanto você está disposto a investir para alcançar os seus objetivos?
- **Satisfação -** Sem a satisfação o sucesso não faria nenhum sentido. O que lhe causa satisfação?
- **Espiritualidade -** É impossível uma pessoa sentir-se bem-sucedida sem imaginar que ela faz parte de algo maior. Não estou defendendo aqui uma religião, estou dizendo que isso nos conecta a algo maior do que os bens materiais, aqui se encaixam amizade, saúde, amor ou tudo aquilo que faz verdadeiro sentido e traz harmonia e portanto o sucesso pleno.

Sentir pena de si mesmo, culpar o mundo pelos desafios que você não conseguiu ultrapassar só vai te fazer dar mais voltas rumo à construção de uma marca pessoal positiva. "Cada um está onde merece estar!" Esta foi uma frase que certa vez eu escutei e que resume todo sucesso ou insucesso de alguém. Temos tudo o que precisamos para alcançar o sucesso. A forma como definimos, planejamos e executamos é que determinará o que, onde, como e quando conquistaremos o que desejamos.

"Existem dois objetivos na vida para serem atingidos: primeiro, conseguir o que se quer; segundo, desfrutar o que se obteve. Apenas os mais sábios realizam o segundo." Logan Pearsall Smith

O autoconhecimento é a base para alcançar o sucesso. Você deve pensar e responder às seguintes perguntas para começar. Anote-as em uma folha e responda - você vai se surpreender com o que irá descobrir:
- Quem eu sou?
- Como sou visto?
- Como quero se visto ou reconhecido?
- O que eu tenho hoje?
- O que eu quero?
- Por que eu quero?
- Onde quero chegar?
- Por que eu pretendo chegar lá?
- Em quanto tempo quero chegar?
- Imagine como seria sua vida quando você chegar aonde você idealizou.
- Como vou chegar aonde quero chegar?
- O que eu preciso aprender ou aprimorar, para chegar aonde quero chegar?
- O que eu preciso eliminar para chegar aonde desejo?

Pensamos muito e sempre sobre o que nos falta. Raramente paramos para pensar no que temos hoje e por que queremos o que queremos. Podemos chegar onde quisermos chegar, mas a vida nos forçará a aprender sermos felizes com o que temos agora.

Dê aos seus sonhos a oportunidade de se realizarem

Se você acredita que não tem algo que o diferencia e que o torne reconhecido no mercado em que atua, saiba que é possível fazê-lo. Basta você desenvolver de forma planejada e estratégica a sua marca pessoal, a fim de mostrar suas potencialidades e destacá-las.

Uma marca pessoal de Sucesso deve ser construída através do tempo, no entanto, se faz necessário ser desenvolvida o quanto antes através de um plano de ações estratégicas de preferência com a ajuda de um profissional Personal Brander Coach.

A importância das mídias sociais para propagar a sua marca pessoal

As mídias sociais são ótimas ferramentas que auxiliam na propagação de sua Marca. Através de estratégias certas você poderá se destacar, tornar-se referência e assim atrair grande número de seguidores. Seguidores fiéis são excelentes propagandistas e sempre recomendam, pois se tornam defensores e veem as pessoas que seguem como uma referência e autoridade.

Meu objetivo aqui é mostrar para você o quão importante é ter um plano estratégico da sua marca pessoal a fim de alavancar sua imagem profissional e pessoal e, consequentemente, alcançar o sucesso de forma sustentável.

Avalie-se

Como sugestão final eu recomendo que avalie hoje mesmo como está a sua reputação e a sua marca pessoal, bem como sua comunicação e autoconhecimento. Para lhe ajudar eu sugiro que você faça as seguintes perguntas para começar a sua análise pessoal:

- Como sou reconhecido hoje?
- Que imagem pessoal as pessoas têm de mim?
- Minha imagem e minha marca pessoal são adequadas ao futuro que eu almejo?
- De 0 a 10, que nota eu dou para a gestão que realizo na minha rede de relacionamentos?
- De 0 a 10, que nota eu dou para a minha marca pessoal?
- De 0 a 10 que nota eu dou para o meu autoconhecimento?

Essa reflexão ao longo das perguntas feitas neste capítulo ajudará você a avaliar e verificar o que precisa mudar, aperfeiçoar, aprender, para começar a construir de forma consciente a sua marca pessoal e, consequentemente, que ações estratégicas você pode iniciar para consolidar ou fortificar a sua imagem, a sua reputação, bem como melhorar a comunicação e sua rede de relacionamento.

Esse é o poder que o Mentoring e o Coaching de marca pessoal possuem, ou seja, ajudá-lo a compreender, planejar e praticar as ações necessárias para a construção e consolidação de sua melhor versão para sua vida pessoal e profissional.

É necessário evoluir, reciclar, aprimorar para permanecer sendo relevante.

O poder do
Mentoring & Coaching

Beatriz Guenther

Você, com plenos poderes

Beatriz Guenther

Graduada em Administração na UFSC, pós-graduada em Finanças na Fundação Getúlio Vargas/RJ e em Desenvolvimento Gerencial na FAE/PR. Em seus 20 anos de experiência profissional atuou na área financeira e administrativa em empresas de diversos setores e portes, sempre envolvida com equipes de alta performance e comprometidas com resultados. Em 2011 fez sua formação em Coaching e Mentoring pelo Instituto Holos (sistema ISOR) e desde então é Coach e também realiza trabalho voluntário como conciliadora no Juizado Especial Criminal de Blumenau/SC.

(47) 8805-6563
beatrizguenther@yahoo.com.br

Ao longo da minha trajetória pessoal e profissional analisei a performance de várias pessoas extraordinárias e muito competentes para desvendar seus segredos de empoderamento. Compartilho com você alguns deles para lhe inspirar a viver a SUA melhor versão.

USE O PODER DA CORAGEM – É o medo que mais atrapalha a nossa evolução, mas ao entendê-lo e acolhê-lo nos tornamos mais fortes e confiantes. Ser corajoso(a) não é agir sem medo. Agir sem medo é displicência: coragem é agir, mesmo com medo. Basicamente, quase todos os nossos medos são adquiridos ao longo da vida. É o medo que nos protege de passar de novo pela mesma situação de perigo ou insegurança, mas também nos faz atacar ou paralisar. Contudo, muitos medos são infundados e, ao invés de nos proteger, nos limitam e nos afastam de seguir em frente em busca de nossas metas. Devido ao medo, deixamos de fazer o que gostaríamos, ficamos conformados e acabamos aceitando o que vem. É preciso ser precavido, sim, senão seríamos inconsequentes. Entenda que a sobrevivência depende também da coragem para iniciarmos as despedidas necessárias, tendo consciência das infinitas possibilidades que se descortinarão e compensarão as perdas pelo caminho. Nossa maior coragem é a de assumir o medo, acolhê-lo e de viver honestamente consigo mesmo.

USE O PODER DO DESAPEGO - A natureza ensina que só assim se segue rumo ao crescimento. O desapego é difícil, pois requer o enfrentamento corajoso do que fizemos de nossas vidas, do que somos e sentimos, além de encarar nossas escolhas erradas. Contudo, jamais se demore em lugares onde você não se sinta vivo(a) ou amado(a), onde não respira direito, não possa ser verdadeiro(a). Muitas vezes se faz necessário dizer adeus ao amor que já deixou de acelerar nossos corações, à amizade que já deixou de fazer falta, que não tem tempo de nos ouvir e animar ou que esgota nossas energias. É necessário despedir-se do que e de quem nos fere no corpo e na alma, dos incômodos, das noites insones, da ânsia pelo fim do expediente, pelo fim do dia, da raiva contida, das ofensas engolidas, dos projetos não realizados, dos sonhos que não acordam! Bem como é preciso despedir-se dos objetos que já não nos são úteis, das lembranças que nos ferem e do que nos leva a nada. Às vezes, se faz necessário romper com o que parece estabelecido em nossa jornada, tendo a ciência de que mexemos também com as vidas dos que caminham conosco. Ninguém é obrigado a aceitar com resignação e conformismo aquilo que pode – e deve – mudar. Temos o direito de viver e de respirar com alívio, com a certeza de que estamos indo ao encontro da felicidade. Entenda que não existe ascensão sem libertação. "Há um tempo em que é preciso abandonar as roupas usadas, que já não têm a forma do nosso corpo, e esquecer os nossos caminhos, que nos levam sempre aos mesmos lugares. É o tempo da travessia: e, se não ousarmos fazê-la, teremos ficado, para sempre, à margem de nós mesmos" – Fernando Pessoa. Quais as suas despedidas necessárias?

USE O PODER DAS CRISES – Um antigo provérbio árabe diz: "Somos como tapetes que às vezes precisam ser sacudidos". De tempos em tempos, todos nós passamos por algum tipo de crise. Seja ela na área da saúde, dos negócios, da fé, dos relacionamentos, das finanças, da política ou da utilização de recursos. A verdade é que a crise vem para refletirmos sobre os nossos padrões, sobre nossos conceitos, sobre aquilo que deixamos de fazer quando tinha de ser feito e adotar novos modelos. Como se fosse uma visita, receba e ouça a crise, a frustração, a tristeza e todos os sentimentos que a acompanham. Eles sempre têm assunto! Já percebeu que toda crise precede o novo? A cada novo ciclo ajuste a rota! Tudo tem começo, meio e... e o fim só existe para quem não percebe o recomeço já o envolvendo em novos ares. A crise nos permite testar nossos limites e tudo que aprendemos ou achamos que aprendemos. É nesses tempos que nossa criatividade, nossa paciência, nossa resiliência e nossas capacidades são testadas, pedindo que sejamos ousados diante do inesperado. A vida nos dá um espaço de manobra: use-o para reinventar a si mesmo(a). A crise é benéfica para o autoconhecimento – em especial de nossas forças. A queda é normal e faz parte da vida. E a única coisa com que você deve se preocupar é com quantas vezes você irá levantar. O importante é transformar todo o impacto em impulso, fazer dos tropeços saltos, identificar as oportunidades que vêm com a crise e, sempre que necessário, pedir ajuda! Lembre-se de que quanto mais você resistir mais a situação irá persistir. Seja o primeiro a dar um passo para o centro de você mesmo. "Fazer da queda um passo de dança, do medo uma escada, do sono uma ponte, da procura um encontro." – Fernando Sabino

USE O PODER DO PERDÃO E DO AUTOPERDÃO – Perdão vem do latim perdonare (per – total / donare – entregar, doar). É, sem dúvidas, uma das principais habilidades que somos desafiados a treinar. Assuma e corrija os seus erros procurando tornar certo o ocorrido. O erro, via de regra, nasce de pensamentos contaminados de memórias dolorosas e de condicionamentos. Às vezes, no ponto de vista do outro ele não fez nada ou nem percebeu que o fez e por isso nem irá lhe pedir o perdão. Na verdade, "perdoar é libertar o prisioneiro e descobrir que o prisioneiro era você" (Robert Muller). A pessoa que não perdoa o outro geralmente é a mesma que não perdoa a si mesma. Carregar mágoa (do latim macula – mancha) é esforço desnecessário sendo que "o perdão nos faz superiores aos que nos insultam" (Napoleão). Mas a escolha de fazer esta entrega e o momento é seu! O que você precisa perdoar em si e no outro?

USE O PODER DA RESSIGNIFICAÇÃO – É você quem dá a importância aos fatos. Então, tenha preguiça de dar importância ao que não tem importância e dê um novo sentido a uma determinada situação ou acontecimento. Quando entendemos e aceitamos que algumas coisas simplesmente não estão sob nosso controle, nos resta dar um novo sentido aos fatos e assim tornar a vida mais leve. Tudo que nos acontece tem um propósito maior: algumas coisas simplesmente acontecem para nos moldar em alguma área e, por mais que queiramos, as coisas não serão sempre como pretendemos. Outras vezes, surgem para nos tornar mais fortes, ou mais habilidosos, ou mais tolerantes ou mais flexíveis. Reconhecer os acontecimentos desta forma não é sinônimo de fraqueza ou "jogar a toalha", mas uma forma sábia de lidar com questões que vão além daquilo que podemos ser ou realizar. Aproveite para desenvolver a resiliência. O exemplo mais clássico de resiliência é o da esponja, que absorve o impacto e volta ao seu estado original. Transportando esse exemplo para a sua realidade, é a capacidade de suportarmos e superarmos situações de extremo desafio, conflitantes ou estressantes através da ressignificação. Ressignificar fatos e pensamentos envolve administrar emoções, assumir comportamentos positivos e desenvolver autoconfiança. Ninguém nasce plenamente resiliente. Em artigo para a revista Harvard Business Review, Diana Coutu, especialista em desenvolvimento organizacional e liderança, afirmou que existem evidências de que a resiliência pode ser aprendida. Segundo a pesquisadora, as pessoas resilientes possuem três aspectos principais: 1) Não são conformistas nem acomodadas, mas possuem um profundo senso de realidade; 2) Possuem uma crença inabalável no sentido da vida; 3) Têm uma incrível capacidade de improvisar. Os resilientes sabem que os fatos só têm a importância e valor que lhes é atribuído!

USE O PODER DE TOMAR DECISÕES ASSERTIVAS – Desde criança desejamos ser aceitos, amados e reconhecidos. E talvez por estar implantado em nossas memórias que, "se alguém não gosta de nós é porque fizemos algo de errado", preferimos ficar com raiva de nós mesmos para termos a ilusão de que todos nos amam e com isso termos paz! Assim, desenvolvemos a dificuldade de dizer NÃO quando é não e dizer SIM quando é sim. Desafio você, a partir de agora, a se habituar a falar a verdade na hora certa, no tom de voz certo, sem "colocar mais lenha na fogueira", ignorando o nebuloso e mal explicado, sem ter a necessidade de agradar, de ferir ou de desrespeitar o outro. Diga o que precisa ser dito de forma respeitosa e não postergue para dizer quando você já está com os nervos à flor da pele e nem sabe mais o que de fato deseja, em meio ao turbilhão de emoções que está sentindo! Impondo limites, virá à tona um sentimento de respeito e valorização, afastará relações nocivas e atrairá relacionamentos mais saudáveis! Tomar decisões assertivas é a melhor forma de manter nossa energia. Então... Que "nãos" você precisa dizer para os outros para dizer SIM a você mesmo(a)? As decisões assertivas são as que lhe fazem sentir bem tanto racionalmente quanto emocionalmente, espiritualmente e também fisicamente. "É nos momentos de decisão que o seu destino é traçado", citou o palestrante motivacional americano Anthony Robbins. Deixar as nossas escolhas em mãos alheias nos enfraquece. Sabemos que nem sempre vamos acertar, mas a probabilidade de acertar decidindo é bem maior do que deixando a vida nos levar. É no ato de decidir que sua alma evolui. A escolha é sua (mesmo que seja "não decidir"). Tomar decisões também é uma questão de treino. Então treine tomar decisões, pois o nosso modelo tende a ser o mesmo para pequenas ou grandes decisões. Treine, treine, treine... assim a tomada de decisões será mais assertiva.

USE O PODER DA CONEXÃO, DO CENTRAMENTO E DO FOCO – Foque no que deseja de fato e tire do foco qualquer distração ou aquilo que não lhe leva ao seu destino. Viva intensamente o "agora", honrando o passado e vislumbrando o futuro desejado. Mas, no momento atual, fique PRESENTE para o que está presente. Esteja inteiro e coloque de si no que está fazendo! "Põe quanto és no mínimo que fazes", ensinou Fernando

Pessoa. Onde você está conectado neste momento? Conecte-se com a realidade como ela se apresenta não superestimando nem subestimando uma determinada situação. Especialmente quando se refere a sua própria realidade, seu estado atual nas diversas áreas da vida (e isso inclui as finanças também)! Onde está o seu foco?

USE O PODER DA AÇÃO – "Grandes realizações são possíveis quando se dá importância aos pequenos começos" – frisava Lao-Tsé. Entenda que você tem, junto de si – agora mesmo –, TUDO que você precisa para lidar com qualquer coisa que o mundo mande em sua direção. Gere o movimento e aplique uma força em determinada direção. Tenha iniciativa, "continuitiva" e, especialmente, "acabativa"! A iniciativa pertence àqueles que possuem um elevado nível de autoconhecimento, além de saberem como, quando, com quem, onde querem e precisam chegar. E a "acabativa" está intimamente relacionada com comprometimento, disciplina, persistência e determinação de terminar a ação. As dificuldades fazem parte do processo. Por mais motivado que você esteja para vencer, encare a possibilidade de, em algum ponto, se dar por vencido. Acontece com qualquer humano! Isso não significa abater-se. Sustente a energia, tenha brilho nos olhos e as rédeas nas mãos. É importante ter rituais para se sustentar energeticamente e saber dar as pausas necessárias quando algo foge do controle. E depois retome lembrando o que lhe motivou à ação. "A motivação é como alimento para o cérebro, você não pode ter o suficiente em uma refeição, precisa de recargas contínuas e regulares para nutrir a fundo e transformar um ser humano em um vencedor." A reflexão de Peter Davies serve para lembrá-lo de que você precisa ter mais força que sua melhor desculpa! A dica é não procrastinar, identificar e deixar de fazer as coisas que roubam o seu tempo, ou seja, uma revisão de hábitos. Afinal, o cérebro adora uma rotina, lhe traz segurança, contudo, também pode ser a pior das armadilhas!

USE O PODER DA ESCUTA E DOS FEEDBACKS – Permita que o outro "faça parte" (seja no pessoal, no trabalho, no amor). Doe seu tempo, suas palavras, sua atenção e gentileza, um sorriso ou um elogio aos que estão a sua volta! Assuma o compromisso de fazer circular essa riqueza. Escute. As pessoas têm muito a dizer, de bom e de ruim. Ouça-as com carinho (pois muitas vezes a resposta que você busca lhe será sussurrada!). Na verdade, o que as pessoas mais desejam é alguém que as escute calma e tranquilamente e em silêncio, sem dar conselhos. Sem que digam: 'Se eu fosse você'. Agradeça todo o feedback recebido (não é necessário justificar nada; somente aceite se desejar e agradeça). Seja muito respeitoso ao dar um feedback, o respeito valoriza a sua performance. É competente quem conseguir dar excelentes feedbacks, levando as pessoas a outros níveis. Pois o nosso principal objetivo é "encontrar pessoas que nos motivem a fazer tudo que somos capazes" (Waldo Emerson). O feedback liga ou desliga você? Existe um ditado que acho muito engraçado: "Se bateu e doeu, toma que é teu!" É importante você entender que os feedbacks nunca são pessoais, você já um vencedor. Eles são uma oportunidade de melhoria. Outro aspecto importante é OUVIR A SI MESMO. É imperdível a oportunidade de conversar com quem você é e com quem já foi... e essa conversa construirá quem você quer ser. Nada é mais prazeroso do que "estar em casa" após você descobrir o que, há muito tempo, está lhe machucando e ferindo os seus valores e violando a sua integridade. CONECTE-SE também COM A INTELIGÊNCIA DO CORPO, ele dirá muito a você. Parece que, ao longo do tempo, vamos nos desconectando dele por sempre estarmos envolvidos com outros assuntos. Quando percebemos, o corpo ficou em último plano. Fica a dica: quem se conecta com o seu corpo tem um diferencial competitivo sobre os demais.

USE O PODER DO AUTOCONHECIMENTO – A cada período de vida somos diferentes, agimos diferente, nos comunicamos diferente e as interfaces, tanto pessoais quanto profissionais, tendem a mudar. Nunca foi tão importante conhecer a nós próprios e nossas próprias emoções. O Google nos responde todas as perguntas do mundo. Mas como está seu Google interno? Você percebe como é importante ter conhecimento da nossa dinâmica interior? Das habilidades naturais, dos muros que construímos (ou que construíram para nós), que ao mesmo tempo nos protegem e nos segregam, dos nossos pontos fortes e pontos fracos, dos nossos decretos (ex.: "eu só mereço quando eu for perfeito e, como eu não sou perfeito ainda, não mereço!"), dos nossos votos, dos nossos valores e de nossas crenças cerebrais. Todos temos, quase que por obrigação, descobrir mais de nós mesmos, pois temos uma riqueza infinita e... sombras sobre as quais deveremos colocar a luz para que elas desapareçam! Nossa mente sempre está no modo de sobrevivência para não nos colocar em risco de novo. Reconhecendo os vícios de baixo desempenho como: das coisas serem do seu jeito, de se vitimizar ou de ser herói, de ser perfeccionista e cobrar demais de si e dos outros, de querer carregar o mundo nas costas, de ser apressado(a) ou procrastinador(a), do hábito de agradar ou de ser grosseiro, de se omitir, de comer demais, de comprar demais, de beber demais, de fumar demais, dormir demais ou de menos (...). Não se deixe cair nos jogos que sua mente cria para sabotar o seu desempenho! Faça os ajustes mentais e comportamentais necessários. Tenha percepção de onde você está, o que está fazendo, como está fazendo e com quem está fazendo.

USE O PODER DE SEUS SONHOS E DE SUAS METAS – "Aquilo que é vivido torna-se divino e aquilo que não é vivido (LIVED) torna-se o diabo (DEVIL)" – Osho. Sonhos são, ao mesmo tempo, deliciosos e trabalhosos. Eles estão diretamente relacionados ao legado, ao propósito de vida e à construção do futuro. Contudo, por vezes, somos nós mesmos que criamos os maiores obstáculos que nos impedem de alcançar nossos sonhos. Que tal você pedir licença para você mesmo(a) e sair de sua frente? Torne realidade a vida dos seus sonhos. Como? Colocando a vida de seus sonhos no papel como se fosse uma fotografia (com todos os detalhes) de ONDE, COM QUEM se quer chegar. Só podemos estabelecer metas depois de ter clareza da direção, certo? Pior do que andar na direção errada é entrar na direção errada em alta velocidade... Elabore metas e analise se: 1) são executáveis, positivas, mensuráveis, orgânicas (não prejudicam ninguém e você deverá estar absolutamente convencido de que são para o seu bem, senão você irá se sabotar); 2) são só suas; 3) tem indicadores/medidores de avaliação nas etapas intermediárias para se certificar de que está sendo atingida ou avaliar o que você está atraindo; 4) o preço que está disposto a pagar e do que precisa abrir mão; 5) tem um motivo muito forte, pois só o dinheiro não sustenta uma meta. Você precisa DESEJAR mais do que querer! Querer pouco é uma afronta ao que você deseja realizar. Quem quer mesmo, quer muito. Vontade rasa não realiza nada. E comemore as etapas vencidas! É comprovado que, sempre que traçamos nossas metas, conseguimos ser mais persistentes. Esse "alvo determinado" serve como uma espécie de ordem inquestionável ao seu sistema cerebral que trabalhará incansavelmente até descobrir uma forma de te conduzir até aonde deseja chegar.

USE O PODER DO PLANEJAMENTO E DA DELEGAÇÃO – Tenha clareza da figura do quebra-cabeças que está montando e planeje o mais detalhadamente possível. Invista em planejamento – não para tentar controlar tudo, mas para não se descontrolar com aquilo que não estava no planejamento. Defina bem o que precisa ser feito, planeje a realização da atividade e acompanhe a execução. E, mesmo tendo o melhor dos planejamentos, deixe as portas abertas para o futuro que bater em sua porta. Busque a sua metodologia mesmo que de forma bem simplista: analise seu ambiente e estado atuais; seus pontos fracos, seus pontos fortes, oportunidade e ameaças; defina a estratégia e visão de futuro, elabore um plano de ação; monitore os resultados através dos indicadores de desempenho previamente definidos. Defina novas metas, estratégias, faça nova análise do ambiente e estado atual e reinicie o ciclo. Entenda que o fracasso não existe! Todas as pessoas de sucesso já falharam diversas vezes. Aproveite suas falhas como um grande aprendizado. A falha é sempre uma lição de aprendizado. Porém, em qualquer planejamento, seria muita ingenuidade não ter um plano B. Ainda mais sendo o tempo o principal capital que temos. Não há um jeito "certo" e um jeito "errado" de administrar o tempo. O jeito certo é aquele que faz você obter os resultados que realmente deseja.

USE O PODER DA AUTENTICIDADE – Não se desconecte de si para querer "parecer com". Comparações com os outros sempre são altamente destrutivas. Tenha o seu próprio conceito de felicidade. E não o que lhe é sido decretado mas, sim, aquilo que faz o seu coração vibrar! Você já parou para se perguntar o que é sucesso e felicidade para você? Já refletiu se os conceitos que vêm a sua mente são realmente seus ou se você está reproduzindo algo que veio de alguém? Entenda que seu maior adversário é você mesmo e a sua definição de sucesso e de felicidade podem estar lhe levando ao fracasso, à autossabotagem e à infelicidade. Tenha cuidado com a Ditadura da Felicidade, pois você é 100% responsável por quem você é, faz e tem e por quem irá se tornar no futuro. Responsabilizar-se significa assumir que você está exatamente onde escolheu estar e, se não estiver gostando do que está tendo, mude! Aceitar é o primeiro passo para a transformação. Aceite o seu amor, a sua tristeza, se empodere dos seus talentos, do seu trabalho e pare de se cobrar a realidade do "comercial de margarina"! É, com certeza, muito melhor tentar ser a melhor versão de si mesmo, pois de "outros" o mundo está cheio! Seja você e não se economize.

Conte comigo!

"Nunca é tarde demais ou cedo demais para ser quem você quer ser. Não há limite de tempo. Comece quando quiser. Mude ou continue sendo a mesma pessoa. Não há regras para isso. Você pode tirar o máximo proveito ou o mínimo. Espero que tire o máximo. Espero que veja coisas surpreendentes. Espero que sinta coisas que nunca sentiu antes. Espero que conheça pessoas com um ponto de vista diferente. Espero que tenha uma vida da qual se orgulhe. E, se não se orgulhar dela, espero que encontre forças para começar tudo de novo."
(do filme O Curioso Caso de Benjamin Button)

O poder do
Mentoring
&
Coaching

Cleide Ribeiro Barbosa

"Se eu puder criar um relacionamento que, de minha parte, se caracterize por: autenticidade e transparência de sentimento; aceitação generosa e valorização do outro como indivíduo; sensibilidade para ver o outro e seu mundo com os olhos dele. Então, aquele que se relacionar comigo vai: compreender e viver aspectos de sua personalidade que antes reprimia; perceber-se mais integrado e capaz de atuar com eficiência; tornar-se mais parecido com a pessoa que gostaria de ser; ser mais determinado e confiante; crescer como pessoa, em toda a sua singularidade e expressão; entender e aceitar os outros como são; lidar com os problemas da vida mais adequada e confortavelmente."
Carl Rogers

Carreira e sucesso: um legado inestimável

Cleide Ribeiro Barbosa

Servidora pública do quadro administrativo. Formada em Administração pelo Centro Universitário IESB/DF, em 2011; pós-graduada em Gerência de Projetos e Recursos Humanos pela Escola de Administração e Negócios ESAD – 2014, com formação em Mentoring & Coaching Holo-Sistêmico ISOR [Holomentoring] Módulo I - 2015.

(61) 9429-6630
barbosacrb7@gmail.com

1. Introdução

Tomar decisão sobre trajetória profissional nem sempre é fácil, principalmente quando o assunto envolve o cargo no âmbito corporativo. Para os executivos, liderar e gerir uma organização, responsabilizando-se por ampliar os lucros, admirar o segmento de produtos e serviços, ter possibilidade de inovar, formar equipes e reter conhecimento específico constituem boa parte da receita dos seus sonhos.

Para isto é fundamental investir na carreira e buscar crescimento e desenvolvimento profissional. O Mentoring e o Coaching são processos que têm esse reconhecimento no mundo corporativo. Um de seus objetivos é desenvolver executivos para estas qualidades desejadas.

2. Embasamento teórico

"Um líder não existe sem conseguir desenvolver as melhores pessoas sob ele." Ram Charam

Gerir, liderar... O que faria se estivesse ocupando a cadeira do seu gestor ou diretor do departamento? Chegar nestes degraus hierarquicamente não é fácil. Manter-se lá é ainda mais difícil. Mas a chave do sucesso reside na diferença das categorias que dão nome a este capítulo.

2.1 Gestor

É aquele que utiliza a equipe como um recurso para a entrega dos seus resultados. Comunica os objetivos, reparte as tarefas, delega adequadamente e cobra o bom desempenho. Habimorad, De Nuccio; Esteves, (2014).

2.2 Líder

É aquele que vê a equipe como potencial a ser colocado a serviço dos objetivos da organização. E, para tanto, consegue inspirar cada pessoa a dar o melhor de si, a usar suas fortalezas, descobrir suas necessidades de desenvolvimento, e incentivá-las a se desenvolver. Também é capaz de promover um ambiente de colaboração entre todos de modo que haja complementaridade na equipe para que, juntos, atinjam os melhores resultados. Habimorad, De Nuccio; Esteves, (2014).

Qual você quer ser?

2.3 O trabalho como carreira

A carreira constitui um importante indicativo das oportunidades de desenvolvimento profissional que uma organização possibilita aos seus profissionais. Pois, (...) carreira são as consequências de posições ocupadas e de trabalhos realizados durante a vida de uma pessoa. A carreira envolve uma série de estágios e a ocorrência de transições que refletem necessidades, motivos e aspirações individuais e expectativas e imposição da organização, englobam políticas, procedimentos e decisões ligadas a espaços ocupacionais, níveis organizacionais, compensação e movimento de pessoa dentro de um contexto de constante ajuste, desenvolvimento e mudança (Apud Dutra, 1996:17).

Por sua vez o desenvolvimento de carreira organizacional é conceituado por Gutteridge, Leibowitz e Shore como: (...) o esforço planejado para ligar necessidades de carreira individual com demandas da força de trabalho organizacional (...), é um processo para ajudar indivíduos a planejarem suas carreiras, em consonância com o que requerem os negócios e as estratégias de uma organização (1993:1).

Contudo, trabalho como carreira é motivado pelo desejo de sucesso, realização e status. A abordagem do carreirista para o trabalho não é um apego pelo trabalho em si, Baumester escreve. Em vez disso, ele "enfatiza o feedback sobre si mesmo que vem em resposta ao trabalho. Para o carreirista, o trabalho é um meio de criar, definir, expressar, provar e glorificar a si mesmo". Trabalho como carreira pode ser uma importante fonte de sentido e preenchimento na vida. Tim Clark (2013) coloca que o trabalho pode ter significados muito diferentes para pessoas diferentes. Mas, para aqueles que trabalham pelo preenchimento, estes podem encontrar muito do seu legado no sentido do trabalho.

Existem pessoas que determinam suas escolhas pelo que fazem tanto na vida profissional quanto pessoal. Esta percepção já ocorre no âmbito corporativo, pois é comum o colaborador buscar objetivo em determinada ação e investimento que garante sua empregabilidade. Entretanto, existem recursos que quando são bem estruturados podem tornar-se grandes aliados daqueles que buscam um equilíbrio entre suas escolhas. No caso das organizações, para aquelas que desejam reter seus talentos: um crescimento e desenvolvimento de carreira.

2.4 Mentoring

A palavra Mentoring consiste em proporcionar ao trabalhador o acompanhamento, a ajuda, a orientação de outro profissional, com maior senioridade e mais tempo de casa, para que possa funcionar como um conselheiro, um mentor, e estimule o desenvolvimento profissional e a ampliação da visão estratégica e do negócio.

2.4.1 Mentor

O mentor pode ser definido pela empresa ou pelo "mentorado" (é como chamamos a pessoa que passa por um processo de Mentoring). Muitas empresas oferecem um programa de mentoria, com diferentes regras de elegibilidade. Se esse não for o seu caso, nada te impede de encontrar alguém para desempenhar este papel. Pode ser um ex-chefe, amigo mais experiente, membro da família com mais vivência profissional que você.

O pré-requisito mínimo do mentor é que ele seja mais experiente. Isso é importante, pois como o objetivo principal do Mentoring é desenvolver visão estratégica, de negócio e apoiá-lo em decisões importantes na carreira, é fundamental haver uma relação mútua de confiança.

O mentor não precisa ser da mesma área que você e principalmente não deve ter nada a ganhar ou a perder com as suas decisões – assim, garante-se total isenção e confiança nesta relação. E este processo pode durar algumas horas ou a vida inteira.

O mentor não necessariamente terá uma única resposta correta para estas questões, mas deve ser capaz de te ajudar a ampliar o horizonte, a refletir, a conhecer mais sobre determinados assuntos e a tomar uma decisão com melhor embasamento. Por meio da experiência dele, você como mentorado pode aprender muito.

Se você foi escolhido para ser um mentor é porque já é admirado e inspira confiança. Use sua experiência para ilustrar alguns exemplos e compartilhar seus aprendizados, sempre tendo em mente que o objetivo é atender as questões do mentorado. E ajudá-lo a refletir e tomar decisões.

2.5 Coaching

Coaching dentro do ambiente empresarial pode ser definido como um diálogo cujos propósitos são o desenvolvimento de novas habilidades e comportamentos, possibilidades e ideias com o intuito de promover um aprendizado individual e consequente desenvolvimento organizacional. Portanto, é uma técnica que auxilia no desenvolvimento e crescimento profissional.

2.5.1 Coach

Assim como na academia de ginástica você pode contar com um personal trainer para ajudar nos exercícios e otimizar o potencial de resultado, o Coach (ou técnico, treinador) faz um diagnóstico. O Coach, diferentemente do mentor, não precisa ser mais experiente do que o coachee (pessoa que passa pelo processo de Coaching). Por outro lado, ele precisa ser treinado e certificado para conseguir exercer este papel.

Se você procurar e contratar um Coahing externo, de fora da empresa, pergunte se ele tem alguma certificação. Peça também por referências, outros profissionais que ele já tenha atendido e faça contato com eles para entender se o processo foi produtivo.

Um processo padrão de Coaching dura em torno de dez sessões, podendo ser menos ou mais, dependendo da necessidade do coachee. É fundamental que tenha início, meio e fim e que os objetivos de cada encontro sejam bem definidos. Ao longo do processo, são desenvolvidos planos de ação, são avaliados e verificado se foram colocados em prática e quais dificuldades ocorreram. Para cada dificuldade encontrada, o Coach avalia sua provável origem e busca no coachee um novo plano que irá conduzi-lo para a superação da dificuldade apresentada, mantendo-o no plano original.

É importante perceber que, durante todo o processo, o Coach apenas conduz o coachee para a solução, evitando dizer como se resolvem os problemas, sendo diferente de outros processos.

Em cada sessão o Coach fará muitas perguntas para ajudar o coachee a refletir, e também criará planos de trabalho para que ele desenvolva as competências necessárias. Estes planos podem envolver "tarefas para o dia a dia", em que se treinará e experimentará os novos comportamentos. Parte das sessões de Coaching também pode incluir role plays, dramatizações em que experimentam e ensaiam conversas, apresentações e negociações – habilidades que o coachee precisa melhorar.

Se você quiser atuar como Coach (dentro da empresa ou de forma independente), a primeira coisa a fazer é buscar este tipo de formação. Algumas empresas oferecem para seus gestores cursos internos e líder Coach, que é uma versão dos cursos disponíveis para o mercado, mas que tem como foco gestores e chefes de equipes que querem aprender habilidades de Coaching para liderar melhor seus times. Os cursos abertos disponíveis no mercado são mais completos e oferecem uma certificação para aqueles que querem atuar como Coaches profissionais.

O importante aqui é você ter certeza de que tem um interesse genuíno em ajudar os outros. Mesmo quando bem remunerado, o trabalho do Coach envolve uma grande doação para o outro, cujo interesse vem sempre em primeiro lugar.

2.6 Orientação profissional

Falamos das características de cada tipo de orientação, é importante comparar o Mentoring e o Coaching e entender qual dessas alternativas é a mais adequada em cada caso:

Mentoring	Coaching
✓ Desenvolver visão de negócio e estratégia; ✓ Trata de desenvolvimento de carreira em longo prazo; ✓ É realizado por alguém mais experiente; ✓ Não precisa acontecer em sessões regulares; ✓ Pode durar algumas horas ou durar a vida inteira.	✓ Desenvolver habilidades e comportamentos; ✓ Trata do desenvolvimento de carreira em curto e médio prazo; ✓ É realizado por alguém certificado em Coaching que pode ou não ter mais experiência profissional; ✓ Precisa de sessões regulares e agendadas; ✓ É composto de 8 a 10 sessões e tem início, meio e fim.

Seja um mentor ou Coach, é fundamental que haja afinidade e confiança, sem estes dois elementos não é possível ser transparente e verdadeiro e, sem transparência, os assuntos realmente importantes não são tratados.

Receber ajuda de um mentor ou Coach é um dos maiores privilégios que um profissional pode ter. Todos os grandes líderes e empreendedores contaram com a ajuda deles para suas grandes realizações.

Steve Jobs, um dos fundadores da gigante da informática Apple, teve como mentor Regis Mckenna e, para ele, disse: "É bem raro encontrar alguém que possa ensinar a você uma tonelada de coisas em uma área importante. Essa pessoa foi você em minha vida". Se até Steve Jobs contou com um mentor, certamente você e todos nós podemos aprender muito por meio destas experiências.

3. Aspectos metodológicos

A abordagem deste estudo de caso é um demonstrativo de como podem ser usadas as ferramentas de apoio estratégico na organização. O estudo de caso da empresa Procter & Gamble e a Eli Lilly demonstra na prática a utilização de ferramentas e modelos de gestão mais recentes de mercado incluindo o Mentoring e o Coaching.

3.1 Estudo de caso

Em 2003, a Procter & Gamble e a Eli Lilly juntaram forças para formar a YourEncore, criando um pool de cientistas e engenheiros aposentados com conhecimentos específicos que cada empresa pode chamar para ajuda temporária. A revista Human Resources Executive noticiou, em 2008, que a YourEncore agora trabalha com 28 empresas-membro e um conjunto de milhares de funcionários experimentados que podem ser contratados para tarefas específicas em diversos projetos.

4. Análise e discussão

As estratégias adotadas pela Procter & Gamble e a Eli Lilly são uma grande solução para as empresas que sofrem com a fuga de talentos e estão com pessoal insuficiente, esta também é uma maneira fantástica de oferecer modelos de desempenho e mentores para acelerar a formação na carreira.

5. Uma palavra final

Nada mais justo e produtivo do que ter apetite de crescimento! Para muitas pessoas avançar na carreira é um desafio. Para outras, um processo natural. Mas o fato é que galgar degraus no mercado de trabalho é o resultado de uma combinação de variáveis que irão estimular o seu sucesso na carreira como um legado inestimável. Pois "Carreiristas" tendem a ter muitos significados de sua vida investidos na sua carreira.

REFERÊNCIAS BIBLIOGRÁFICAS

CATALÃO, João e PENIM, Ana. Ferramentas de Coaching. Com contribuições de especialistas internacionais. Lisboa, Lidel. Ed. 4, 2011.

Capa v. 2, n. 2 (2002) > Tolfo

___Rev. Psi: Org e Trab R. Eletr. Psico., ISSN 1984-6657, Brasília, Brasil

HABIMORAD, Maria; NUCCIO, Dony e ESTEVES, Sofia. CARREIRA: Como avançar pra valer no mercado de trabalho e construir a trajetória dos seus sonhos. Rio de Janeiro/RJ. Casa de palavras. Ed. 1, 2014.

HOLOS, Instituto de Qualidade

O poder do
Mentoring & Coaching

Denver Felix

Coaching para a Liderança Cristã

Denver Felix

Formado pela Academia Militar das Agulhas Negras (AMAN), Turma 1998, Exército Brasileiro, pela Escola de Aperfeiçoamento de Oficiais (ESAO), Turma 1998, possuindo MBA em Marketing e Relações Públicas, MBA em Recursos Humanos, MBA em Liderança e Coaching em Gestão de Pessoas e Master Mentoring, Coaching e Holomentoring ISOR pelo Instituto HOLOS, International Coach Federation, e diversos cursos na área de liderança e comportamental.

Palestrante com diversos temas voltados à área de consultoria empresarial, liderança, motivação e liderança cristã. Atualmente, tem como foco o projeto Coaching para a liderança cristã, trabalho voluntário nas igrejas que visa levar às pessoas a busca pelo autoconhecimento e a importância da liderança na vida pessoal e profissional.

Escritor do e-book "Liderança de Alta Performance".

(32) 99114-7713
denver@denverfelix.com
www.denverfelix.com

A maior necessidade da igreja de hoje é o fortalecimento da liderança, pois é nítido o seu enfraquecimento. Um dos especialistas que tenho como referência no assunto de liderança cristã é George Barna, que afirma: "A liderança continua a ser uma necessidade evidente na igreja. As pessoas, com frequência, desejam seguir a visão de Deus, mas, também com frequência, não têm um direcionamento acerca da visão ou da verdadeira liderança."

Cristo deixou a sua igreja na Terra para fazer uma obra que tivesse um impacto eterno. Se a igreja não for bem liderada, então a Noiva de Cristo sofrerá e não será capaz de cumprir a sua missão para essa geração.

O tema Coaching para Liderança Cristã nasceu através de uma pesquisa que realizei nas igrejas evangélicas, verificando uma necessidade por parte dos membros e seus líderes de saber mais sobre o assunto Coaching para Liderança Cristã em sua forma literária e, principalmente, na prática do assunto em sua vida pessoal e profissional. Falar de Liderança Cristã não é um assunto novo ou que esteja na "moda", porém, a importância do tema é vital para todas as pessoas, sejam elas cristãs ou não.

O foco desse projeto é estabelecer ferramentas que irão ajudar aos interessados pelas palestras e treinamentos por mim ministradas a enxergarem a necessidade do AUTOCONHECIMENTO, um dos pilares da Inteligência Emocional, sendo abordados diversos assuntos dentro do referido pilar com base na Liderança Cristã.

Ao tratarmos o AUTOCONHECIMENTO, é importante entender que a busca em nos conhecermos melhor é diária e constante, pois podemos alcançar em alguns momentos uma plenitude em relação a nos conhecermos, porém, o "gráfico" diário de nossos comportamentos varia semelhante ao famoso gráfico das ações na Bolsa de Valores, ou seja, sempre variando; dessa forma é a nossa vida.

Através do que acabei de citar acima, fica mais fácil entender por meio de ferramentas de Coaching a aplicabilidade prática do que chamamos de macrocompetências, ferramentas que tive a honra de aprender com o Instituto Holos (formação de Mentoring e Coaching) e hoje aplicadas aos meus coachees (clientes) e em empresas.

As referidas macrocompetências são 7: Dimensionamento – Regulação – Interação – Direção – Realização – Incorporação – Transcendência.

Utilizando essas ferramentas, levo até as pessoas interessadas a maneira assertiva de se conhecerem e de se tornarem pessoas melhores e fazerem dos outros ainda melhores através de exemplos dentro da Palavra de Deus e suas referências direcionadas à Liderança Cristã.

Ao ministrar as minhas palestras em empresas e igrejas, verifico cada vez mais a necessidade das pessoas de se conhecerem mais e mais. Em minhas conversas com clientes, amigos e familiares noto claramente a importância do AUTOCONHECIMENTO em suas vidas.

Não existe uma mágica ou até mesmo um milagre para mudar você em suas atitudes e sim o que chamo de HABILIDADE DE AGIR.

A habilidade de agir deve ser encarada como algo primordial e como base para o êxito nos seus objetivos, pois a habilidade de agir não tem tido a sua importância ou atenção devida por muitas pessoas, pois muitas delas estão preocupadas em buscar cada vez mais conhecimentos e às vezes sem o foco devido; e acabam se esquecendo de que para se colocar em prática qualquer projeto é muito importante levarmos em consideração alguns tópicos, destacando-se o CONHECIMENTO e a HABILIDADE DE AGIR, com o equilíbrio entre eles, pois esses dois fatores são primordiais.

Na minha concepção, resumo a palavra LIDERANÇA em apenas uma: INFLUÊNCIA. Você pode não perceber, pois você a todo o momento está influenciando pessoas e sendo influenciado por elas, seja de uma maneira positiva ou negativa, pois as pessoas precisam de referenciais de outras pessoas e aqui está o SEGREDO. Preste atenção no que irei dizer a partir de agora, ok?

Deixar ou não ser influenciado está diretamente ligado a valores e crenças da forma de como você foi "construído" em sua vida, ou seja, se ensinaram a você que Não dar lugar aos idosos no ônibus é algo normal, tenha certeza de que a atitude de alguém que der o lugar ao idoso no ônibus não irá lhe influenciar, pois sua crença e seus valores estão formados, embora possa fazer você refletir através da ação de quem deu o lugar. Não digo que as crenças e valores não possam ser mudados, porém, é um processo de mudança gradativo e que merece a devida atenção e ferramentas adequadas na contribuição para a referida mudança pessoal e profissional. Mudar crença e valores de uma pessoa é um desafio. Temos tendências a nos unirmos a pessoas com perfis semelhantes aos nossos, pessoas que correspondem a alguns princípios éticos e valores semelhantes, isso é normal, porém, o segredo é saber lidar com cada tipo de pessoa. Lembre-se, o segredo está aí... SAIBA LIDAR COM AS PESSOAS, INDEPENDENTE DE SEUS VALORES E CRENÇAS, pois não digo conviver com elas, mas saber lidar com as suas diferenças.

Vivemos em um mundo em que as pessoas em seus comportamentos estão cada vez mais inconstantes, pois querem adquirir conhecimentos, porém, não olham para o mais importante: A HABILIDADE DE AGIR e de saber lidar com o PRÓXIMO.

As pessoas que mais se destacam no mercado de trabalho são aquelas que, além de possuírem seu conhecimento específico para o trabalho, possuem a capacidade de INTERAÇÃO, entre outros atributos que falo em meus treinamentos e palestras.

O meu projeto de Coaching para Liderança Cristã tem como foco as igrejas, local onde concentrei minhas pesquisas e tenho observado um grande número de pessoas em sua forma "mecanizada" de serem conduzidas em suas liturgias e que a falta de autoconhecimento tem levado muitas pessoas a certas frustrações, pois buscam o externo e não olham para dentro de si, ou seja, não se dão o trabalho de se conhecerem. A pessoa que não se olha internamente é tendenciosa a sempre "culpar" o outro e ser manipulada, pois ela nunca é o problema. Isso merece uma atenção! Saiba que, ao se conhecer, você estará se ajudando e ajudando ao próximo a saber lidar melhor com suas diferenças.

Em todas as palestras e treinamentos ministrados sobre a Liderança Cristã, tenho a felicidade, satisfação de saber que a semente foi bem plantada, mostrando àquelas pessoas a importância de melhorar a cada dia. Precisamos melhorar a cada dia, pois todo dia é dia de melhorar como pessoa e nem sempre o problema é o outro.

Em minhas palestras e treinamentos algumas pessoas me perguntam o porquê do foco no assunto liderança. A minha resposta é simples e bem objetiva. Venho de uma formação militar, formado na Academia Militar das Agulhas Negras da Turma Cinquentenário da Força Expedicionária Brasileira (FEB), em 1998. Em minha formação no Exército Brasileiro, aprendemos dia e noite o seu verdadeiro significado e sempre fui um admirador da liderança, pois acredito que através dela é possível termos ordem e disciplina em vários setores profissionais e pessoais. Por meio de um acidente que tive na carreira militar, fui reformado e tive a oportunidade, após o Exército Brasileiro, de trabalhar com consultoria empresarial, área esta que me abriu as portas para colocar em prática os conhecimentos na área de liderança, adaptando muitas coisas da área militar à vida civil; uma experiência que me rendeu o entusiasmo em me dedicar à área comportamental humana e empresarial, focando a área de Coach e palestrante. Uma instituição sem uma verdadeira liderança não consegue sobreviver muito tempo. Precisamos saber liderar e sermos liderados, pois um verdadeiro líder consegue atingir seus objetivos juntamente com o grupo que está conduzindo. Costumo dizer que liderança é uma arte que muitos querem exercer ou acham que sabem exercer, porém, poucos conhecem na essência e na prática o verdadeiro significado de liderança. Aqueles que têm essa experiência sabem da necessidade de saber liderar.

Toda pessoa que precisa aprender a liderar deve ter noção de que a liderança começa nela mesma. O verdadeiro líder é capaz de se autoliderar, ou seja, a liderança pessoal, a liderança que muitos não conseguem manter por muito tempo, pois está associada à disciplina. Uma pessoa sem disciplina não é capaz de liderar a si mesma.

Ao contrário do que algumas pessoas pensam, a liderança é algo que pode ser aprendido, porém, requer a disciplina como base para se tornarem bons líderes. Vivemos dias em que a liderança é uma carência visível em vários setores de nosso país, mas as crenças e valores estão deformados, a inversão de valores está cada vez mais em evidência e não podemos achar isso normal, achar que o errado é o certo, e o certo é errado. A disciplina está ligada a não nos corrompermos por crenças e valores deturpados, e lutar a cada dia para nos tornarmos pessoas melhores e, além disso, servirmos de exemplo e influência na vida das pessoas que lideramos e que estão ao nosso redor, que sejamos sempre a influência positiva. Um verdadeiro líder jamais é esquecido, jamais. Os verdadeiros influenciadores nesse mundo jamais foram esquecidos, pois fizeram a real diferença.

Uma das dicas muito importantes para um líder está ligada diretamente à frase "Dê poder aos seus subordinados". Parece algo simples e que não apresenta grande valia, porém, é uma ferramenta fantástica a ser aplicada, pois nunca tente fazer as coisas sozinho. O maior segredo dentro desse contexto está em:

- Eu faço;

- Eu faço - e você assiste;
- Você faz – e eu assisto;
- Você faz.

Busque sempre dar o verdadeiro exemplo, pois tenha certeza de que isso irá refletir por gerações.

Falando sobre a liderança cristã, gostaria de deixar clara a importância de você, leitor, entender a necessidade que a igreja enfrenta de possuir verdadeiros líderes e que deem o verdadeiro exemplo perante a sua congregação. Sabemos que existem muitos homens que doam e que já doaram seu "sangue" pelas igrejas em nosso país, nomes talvez nunca conhecidos e sem "Ibope", porém, com a certeza de que deixaram verdadeiros frutos para a nossa sociedade e de que esses homens eram líderes; o verdadeiro líder não precisa mostrar quem ele é, pois as pessoas o conhecem.

Deus fez o homem para liderar, pois sempre existirá a necessidade de um líder para continuar os desígnios dos projetos de Deus, e quando alguns deles fracassam Deus levanta outro, até que esse líder cumpra o verdadeiro propósito de Deus. Em nossos dias não acontece diferente, porém, estamos vivendo a época do conhecimento, uma época do saber, uma época do falar "bonito", uma época do envolver melhor as pessoas, uma época de mostrar a "prosperidade", uma época bem diferente do que a igreja de Cristo é em sua essência.

Todo pastor e líder espiritual, ou seja, homens e mulheres que conduzem pessoas, deveria aprender sobre a importância da liderança.

Um dos trechos do livro O Melhor de John C. Maxwell (Seleção Vida de Líder) de que gosto muito é a parte em que ele fala sobre a importância de recriar líderes. Devemos entender que não podemos nos tornar líderes a vida toda de um determinado grupo, pois tudo se renova e precisa de movimento, ou seja, vivemos em ciclos e o ciclo precisa progredir. O verdadeiro líder leva consigo a sede de formar novos líderes e na busca sempre do melhor que puder ensinar. Olha que interessante, o porquê de grandes líderes gerarem outros. Leia atentamente abaixo e entenda esse segredo, pois são eles:

- Aqueles que estão mais próximos do líder determinarão o nível de sucesso daquele líder;
- O potencial de crescimento de uma organização está diretamente relacionado ao potencial de seu pessoal;

- Potenciais líderes ajudam a dividir a carga;
- Os líderes atraem potenciais líderes;
- Líderes que mentoreiam potenciais líderes aumentam a eficiência deles;
- Líderes desenvolvidos expandem e melhoram o futuro da organização;
- Quanto mais pessoas você lidera, mais líderes são necessários;

Gosto muito desse exemplo e podemos tirar como ensinamento, pois Jetro, o sogro de Moisés, sugeriu que ele encontrasse, recrutasse e treinasse outros líderes para ajudá-lo em suas responsabilidades de liderança.

Enfim, vários são os exemplos da Palavra de Deus em relação a liderança, e recomendo para os admiradores do assunto a Bíblia da Liderança Cristã – Almeida Revista e Atualizada, com notas e artigos de John C. Maxwell a respeito da liderança cristã.

Agradeço a Deus pela oportunidade de escrever este simples artigo e na certeza de que pessoas serão movidas a participar deste projeto, projeto este que abro com o maior prazer para quem se interessar, pois de graça recebestes e de graça dai...; pois não se contente com o leite apenas, coma a comida sólida que Deus nos permite aprender em sua Palavra a cada dia e com certeza você será um servo melhor a cada dia, conhecendo a Palavra e conhecendo a si mesmo, facilitando assim a aplicação da Palavra de Deus em nossas vidas.

O poder do
Mentoring
& Coaching

Dimitrios Asvestas

Aprecie as flores no caminho…

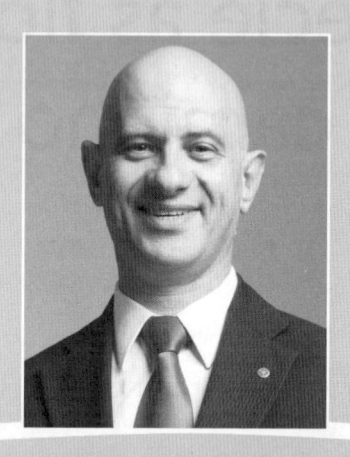

Dimitrios Asvestas

Palestrante conferencista. Diretor da THOR - Mentoria e Excelência Humana.
Conselheiro da Associação Comercial de São Paulo – Mooca. Membro do GRAI – Grupo de Relacionamento e Apoio à Industria, do CIESP-Sul.
Master Coach e Holo-Mentor, certificado pelo Instituto HOLOS.
Colaborador voluntário no Orfanato Cantinho Mei-Mei.
Consultor na área de treinamentos comportamentais e de saúde. Especialista em planejamento financeiro pessoal – mercado de investimentos e proteções financeiras.
Sócio do Rotary Club de São Paulo, Vila Alpina.
Membro CARPE DIEN Mototurismo, Bodes do Asfalto, Estilo BigTrail, BEEMER e Portal BigTrail.

(11) 98100-9390
dimitrios@dimitriosas.com.br

Nos últimos anos, temos observado um grande movimento nas empresas no sentido de despertar no time de colaboradores o comprometimento, o espírito de equipe, a união entre as pessoas, ou seja, uma maior unidade com o todo.

Consultoria, feedbacks, palestras, além de "Treinamentos Motivacionais" têm demonstrado uma eficiência superficial apenas num curto espaço de tempo, porém, em médio e longo prazos sem sucesso.

Gestores de negócio, empresários, CEOs têm sentido a ineficácia para projetos de longo prazo e construção de um real sentido de Espírito de Equipe dos métodos tradicionais de motivação.

Quando passamos a entender o significado da palavra Motivação — Motivo para Ação — descobrimos que o motivador de um colaborador, e principalmente do próprio gestor do negócio, não está embasado em uma conquista externa ou um determinado prêmio, mas sim na descoberta do que realmente faz sentido em sua vida.

Diante desse cenário, passa a ser vital a presença do profissional de Coach e do Mentor no ambiente empresarial, na vida do gestor e de cada colaborador. São profissionais capacitados e habilitados a orientar as pessoas na busca do que efetivamente importa em suas vidas.

A maioria das pessoas atualmente em todo o mundo não sabe por que trabalha e tampouco sua razão de viver ou de existir.

O processo de Coaching e Mentoring tem tido um papel fundamental e primordial na vida daqueles que se permitem vivenciar o processo.

Como Coach, o profissional irá orientar e ajudar a traçar metas, desenvolver um plano de ação e acompanhar os resultados almejados.

No entanto, esse passa a ser apenas um ponto de partida para um projeto maior na vida do coachee (cliente ou quem recebe o processo de Coaching).

Mesmo atingindo as metas, os objetivos, o crescimento almejado, continuamos muitas vezes sentindo um "vazio" existencial. Vemos muitas pessoas com sucesso em seus negócios e expressivos resultados financeiros, grandes conquistas, mas que sentem uma insatisfação latente que observamos nitidamente a partir de seu semblante ou olhar. Lembramos que os olhos são as janelas da alma.

Continuamos então a nossa jornada nessa busca constante de entender o porquê dessa falta do sentimento da realização verdadeira.

Surge então o Mentor. Um profissional que na aplicação de metodologias e técnicas específicas passa a auxiliar, orientar o seu cliente não somente processo de estabelecimento de metas e objetivos, desenvolvendo planos de ação, porém, além disso, age em determinados momentos como um aconselhador.

Mais do que estabelecer metas e objetivos, desenhar planos estratégicos, o Mentor tem um papel fundamental no processo de despertar o alinhamento de princípios e valores que estejam em conformidade com um propósito de vida de seu cliente, seu mentee.

Nesse ciclo constante e evolutivo da espiral de crescimento do ser humano, percebemos então o despertar do sentimento de que fazemos parte de um Todo Maior, uma Unidade, e isso nos leva ao desejo de um maior entendimento.

Qualifica-se agora nesse processo evolutivo um profissional em um nível mais elevado de conhecimento, de clareza, imbuído de um espírito servidor. Esse profissional passa a desenvolver um processo denominado de Holomentoring® utilizando uma metodologia identificada como ISOR®, programa desenvolvido pelo Instituto HOLOS que abre um novo caminho na direção do objetivo principal.

Certificado pelo Instituto HOLOS, atendo nossos clientes fazendo uso dos mais atualizados conceitos e práticas nos encontros profissionais de Mentoring com meus clientes. A diferença conquistada nos resultados já nos primeiros encontros tem sido surpreendente.

Iniciamos então um movimento na contramão de tudo que já vinha sendo aplicado no mercado empresarial e pessoal. Passamos a entender a importância do DESPERTAR DA SABEDORIA INTERIOR de nossos clientes. Entender e ajudar o coachee ou o mentee (nossos clientes) a descobrirem o que buscam como Realização ou Desejos maiores em suas vidas.

Para nossa surpresa e descoberta de nossos clientes chegamos à conclusão mais óbvia que poderíamos. Todo ser humano, em qualquer parte do mundo, busca, persegue um único objetivo. Ser feliz...

Os resultados com nossos clientes têm sido incríveis a partir do momento em que iniciamos o processo buscando o motivo, a razão do que faz sentido na vida das pessoas. O que as levam ao sentimento de felicidade, ou à Felicidade Plena.

Iniciar um processo de Despertar, a partir da visão Holo-Sistêmica da vida, buscando uma ampliação da visão de mundo, passa ser o ponto de partida nessa jornada, divertida e motivadora.

Entender a estrutura mental de nosso cliente é de fundamental importância para etapas como a Compreensão Isomórfica, ou seja, ter o entendimento de que tudo em nossa vida irá fluir de uma maneira mais rápida e tranquila a partir do momento em que EU estiver em conformidade com as leis que regem o Universo.

Nossa maior armadilha é nossa mente.

Tenho observado em meus atendimentos que as pessoas têm sua mente extremamente carregada de centenas de pensamentos e ideias a cada minuto, a todo instante.

Pode ser que você leitor esteja assim neste momento. Enquanto você está lendo este capítulo, sua mente está viajando em dezenas de pensamentos sobre a vida, trabalho, atividades e compromissos que tem de resolver amanhã, sobre a insatisfação em relação a determinados assuntos, seus filhos, a escola, a esposa, o saldo no banco, os compromissos com pagamentos, a crise, a administração pública, a política, o trânsito etc. etc. etc...

Estamos vivendo momentos de instabilidade político-econômica em nosso país e muitos definem esse tempo como tempo de crise. Albert Eisntein dizia: "É na crise que nascem as invenções, os descobrimentos, e as grandes estratégias. Acabemos de uma vez com a única crise ameaçadora, que é a tragédia de não querer lutar para superá-la".

Os seres humanos atualmente vivem cerca de 50% do seu tempo ruminando, reclamando, resmungando, se queixando em relação ao passado. O que não fizeram, os arrependimentos, os problemas e blá-blá-blá. Já nos restantes 50% do tempo passam a pensar e falar sobre possibilidades de um futuro incerto e que talvez nunca venha a se realizar.

Deixamos de lado o momento mais importante de nossas vidas, ou melhor, o único momento que importa: O AGORA...

Confesso aqui que aprendi muito com um grande amigo, companheiro e irmão, o advogado dr. Luiz Aparecido Ferreira, da Ferreira & Santos Advogados. Em uma ocasião em que tinha uma reunião com o mesmo, liguei para avisar que chegaria atrasado devido ao trânsito.

Ele por sua vez, e com toda sabedoria de um mestre, me disse calmamente ao telefone:

— Querido Dimitrios, não se aflija, venha com calma, Aprecie as Flores no Caminho...

Eu retruquei dizendo que estava no trânsito e não havia flores por lá, e ele mais uma vez reforçou:

— Aprecie as Flores no Caminho...

Depois de um tempo, consegui entender o significado daquela frase, tão inspiradora e profunda. E é exatamente o que sugiro a você, amigo leitor, nesta hora e em todos os momentos na sua vida: Aprecie as Flores no Caminho.

Viajamos e estamos pensando no que vamos fazer quando chegarmos, o que poderá acontecer ou não. Quando chegamos ao destino começamos a pensar e nos preocupar com o que eventualmente deixamos de fazer para viajar, e o que teremos de resolver quando retornarmos aos nossos lares e empresas.

Enquanto estamos ao lado de nossos filhos, esposa, pai, mãe ou amigos, estamos pensando em coisas ou situações que deixamos de fazer ou que teremos de resolver no futuro. Ou seja, em 99% do tempo não vivemos o momento presente em nossas vidas. Não Apreciamos as Flores no Caminho.

O momento presente é o único momento que poderá ficar registrado na sua mente. Esse momento, o AGORA, só acontece Agora.

As pessoas vão almoçar com o celular ao lado do prato. Respondem mensagens, navegam nas redes sociais, retornam e-mails enquanto dizem que estão almoçando e não apreciam o alimento, sua textura, sabores, nem reconhecem quem o elaborou.

Ao chegar em casa, muitos vão jantar sentados em frente da TV, e mal conversam sobre assuntos positivos com seus familiares. Em muitos casos, a falta de atenção e de amor leva os filhos a buscarem caminhos por onde não gostaríamos que caminhassem, e então os pais reclamam que o mundo está perdido.

Na realidade, a única situação que faltou nessa jornada é a de Apreciar as Flores no Caminho. Tomar consciência e aprender a sentir, viver na sua plenitude cada momento em sua vida.

Apreciar a brisa, o vento, a chuva, o cantar dos pássaros. Curtir a viajem de férias ou de trabalho, apreciando e observando cada detalhe a cada quilômetro percorrido. Sentir o aroma, o sabor do cafezinho. Sentir e estar presente efetivamente com os amigos ao degustar uma cerveja bem gelada em uma tarde de verão num momento de descontração com pessoas que nos são caras.

Essa é a essência da vida. O primeiro passo na jornada dos encontros de Mentoring e Holomentoring.

Exercícios e técnicas de centramento são orientadas nesse momento para que você aprenda a dominar e comandar sua mente. Meditação e a prática de silenciar a mente são vitais para conquistar resultados positivos.

Como próximo passo, a partir do cultivo dessa paz, nesse silêncio vamos buscar sentir e ouvir nossa voz interior, nossa intuição, ou iniciar o processo do Despertar da Sabedoria. Ela já se faz presente em nosso interior. Basta acessá-la. Basta ouvir, intuir.

Infelizmente, por todos os motivos expostos acima, devido ao estresse do dia a dia em uma busca frenética por ter, ter, ter, sem pensar em SER, nossos pensamentos e vozes interiores não permitem que a sabedoria se exprima.

A pergunta que faço agora a você é:

– O QUE FAZ VOCÊ FELIZ?

Pare por uns instantes a leitura e reflita sobre a pergunta acima.

– O QUE REALMENTE FAZ VOCÊ FELIZ?

– Por que você corre tanto?

– Por que trabalha tanto?

– Aonde deseja chegar?

– O que deseja alcançar?

– Qual o preço que você está pagando por essas conquistas?

– Isso é exatamente o que você deseja para sua vida?

Se não estiver muito seguro em relação às respostas acima, sugiro que encontre um horário em sua agenda para que possamos juntos orientar e tratar desse tema.

As situações que estão em jogo são: seu futuro, sua vida, sua família, seu desejo supremo de... SER FELIZ.

Existem dois tipos de felicidade, a condicionada e a plena. A felicidade condicionada é criada em nossa mente e tem sua base em situações externas na dependência de conquistas.

A Felicidade Plena só se consegue vivendo o AGORA. Essa vem do coração, portanto, é a própria vida. E vindo do coração está sempre presente em nosso interior, não necessitando ser conquistada.

Necessitamos Despertar a Sabedoria Interior, que nos permitirá acessar então o sentimento da Felicidade Plena. Mudar a mente, ter uma vida de bondade, ampliar a visão, pois Você é o Criador de Sua Vida, de seu destino.

Buscar a Sabedoria Interior é a única forma de lidar com situações complicadas, pois a vida é probabilística. Uma sucessão de acontecimentos que surgem que independem de sua vontade e sobre os quais você não tem controle. O único controle que temos é como reagimos aos acontecimentos na vida. Ou seja, qual sua Atitude perante os desafios e os acontecimentos em seu cotidiano?

A partir desse momento construímos nosso caminho, pois a vida é feita de escolhas e você faz escolhas a cada instante, a cada minuto. Cabe então ter consciência das escolhas que esteja fazendo.

Portanto, concluímos que tudo se inicia em nossa mente a partir da quantidade e da qualidade de nossos pensamentos. Pensamentos criam vibração energética. Essa por sua vez determina nossas emoções ou estado emocional.

Pensamentos são a energia dinâmica da mente, que se assemelham às ondas do mar, que vem e vão, mas que na realidade não existem. Mudam a cada instante.

Observamos aqui um aspecto muito importante: o de cultivar uma mentalidade ou estado mental positivo em nossa vida. Positivar a mente é deixar de pensar que necessitamos combater o mal ou a doença, mas que desejamos e necessitamos promover o bem e a saúde.

Pratique a partir de hoje essa mudança de atitude mental e irá observar como as situações a sua volta e em seu ambiente passarão a mudar. Criamos constantemente conflitos em nossa mente. Esses por sua vez são sempre a expectativa entre "O que é" e o que "Deveria ser".

O resultado de encontros para Coaching, Mentoring e Holomentoring, utilizando a metodologia e o conhecimento aplicado através do sistema ISOR®, proporciona ao participante o Despertar da Sabedoria Interior, provocando uma mudança de atitude, uma reavaliação sobre o que realmente importa em nossa vida. Tomar conhecimento e ter consciência de nosso potencial, nosso dom maior de realização e assim buscando ser mais prestadio, servindo ao próximo.

Ser e nos tornar uma influência positiva na vida das pessoas que cruzarem nosso caminho, através de nossas habilidades profissionais ou de nossas empresas, contribuindo para o desenvolvimento e crescimento de cada ser humano, passa a ser a real razão de nossa existência, que por consequência nos torna cada dia mais Felizes.

Espero que de alguma maneira possa ter tocado seu coração e fazê-lo refletir sobre o tema apresentado. Desejo poder ter a oportunidade de servir através de nosso trabalho e ajudar em seu crescimento pessoal, profissional e de vida. Entre em contato.

Nota:

ISOR® Vem do prefixo grego ISOS, que significa "igual", "da mesma forma"; e o "R" final, que abrevia a palavra relacionamento, e isto nos remete a atividades e relacionamentos isomórficos, isto é, coerentes, condizentes. Ou seja, ISOR se propõe fundamentalmente a desenvolver nas pessoas uma vivência relacional com base no isomorfismo, na coerência, na transparência, na reciprocidade entre

Visão e Ação.

Renato Klein, Mentalizador ISOR®, Instituto Holos.

O poder do
Mentoring & Coaching

Emanuel Ribeiro de Souza

Mentoring e Coaching para a transformação pessoal

Emanuel Ribeiro de Souza

Mestre em Planejamento e Políticas Públicas, diploma conferido pela Universidade Estadual do Ceará, após pesquisa apresentada sobre "A Política de Formação em Psicomotricidade Relacional e o Trabalho Docente na Escola Pública de Fortaleza". Psicomotricista Relacional. Especialista em Gestão Educacional. Formação acadêmica em Filosofia. Certificação Internacional de Master Mentoring, Coaching & Holomentoring ISOR com foco em Teams, Leadership & Executive e Macrocompetências Sistêmicas com selo ICF. Formação Profissional em Coaching, Mentoring e Holomentoring do Sistema ISOR. Formação Professional e Self Coaching pelo Instituto Brasileiro de Coaching com foco em Analista Comportamental, com cincos selos de certificação internacional. Acupunturista (ABA) e terapeuta holístico. Professor de Filosofia e Sociologia e palestrante Motivacional com utilização da Metodologia Holomentoring ISOR de Liderança Corporativa Inovadora blue-U, e do MÉTODO CIS (Coaching Integral Sistêmico). Instrutor interno da Escola de Governo da prefeitura de Fortaleza para a Formação Continuada de Servidores.

(11) 98542-4126 (Oi) / 997619214 (Tim)
emanuelribeirodesouza@gmail.com
emanuelribeirodesouza@yahoo.com.br

Início de conversa

Este artigo tem como objetivo fazer você compreender-se a si mesmo, levando-o a olhar para dentro de si com profundidade. Dessa forma, descobrirá seu verdadeiro "EU", encontrando dentro de você as respostas e as soluções para os seus grandes problemas existenciais. Você se surpreenderá ao descobrir a sua capacidade e o seu potencial de resolver situações das mais diversas possíveis que a vida nos impõe. E, a partir daí, você viverá com maior satisfação, alegria e desfrutará de uma melhor qualidade de vida, adquirindo, ainda, aptidão para orientar outras pessoas a fazerem o mesmo.

Se você está se sentindo desmotivado e, portanto, querendo desistir de algo que seja extremamente importante. E se as coisas lhe parecem não fazerem muito sentido, seja na família, na sua carreira profissional ou em qualquer outra área da sua vida, esta é a oportunidade de refazer o sentido de cada uma delas.

Talvez você esteja experimentando um acúmulo de estresse levado a níveis exagerados. Baixa autoestima que se somatiza num conjunto sintomático conhecido como *burnout*, se sentindo sem estímulo para agir devido a esta situação de exaustão tanto física e psíquica quanto emocional e espiritual. Saiba que tudo isso pode ser substituído por autoestima elevada, coragem, vigor e saúde. Basta pôr em prática algumas regras, como também externar sua capacidade criativa. Depende exclusivamente de você.

É possível, ainda, que você esteja remoendo alguns tipos de complexos, sentimentos de culpa e de inutilidade, traumas existenciais e fobias. Vivenciando autopiedade e autocomiseração, ressentimentos, mágoas e tristeza profunda. Pode ser, também, que você esteja sem direção para a vida, entre outras situações dolorosas que, muitas vezes pela falta de orientação e autoconhecimento, nos levam a sofrer demasiadamente.

Todos esses problemas fazem parte da vida humana. Outras pessoas já passaram por eles e conseguiram superá-los. Às vezes, quando menos espero me vejo diante de algumas dessas situações. Mas hoje, com o nível de consciência que adquiri, encaro essas situações como naturais e necessárias para o meu autodesenvolvimento e nunca como um "bicho de sete cabeças". A diferença consiste em permanecer nesse estado doloroso ou aprender a adquirir competências para superar tais problemas e não ficar à mercê deles.

É este o meu objetivo, orientar você a eliminar esses problemas de uma vida inteira em poucas horas, ou em apenas uma hora. É isto mesmo, em apenas uma hora, caso você fique atento, apreanda as informações constantes neste artigo seguindo passo a passo as orientações aqui compartilhadas. Essa metodologia deve se tornar um hábito no seu cotidiano. Os nossos hábitos revelam quem nós somos e exercem um poder determinante sobre nossas vidas. Sobre este assunto, sugiro a leitura do livro de Charles Duhigg "O poder do hábito" (Duhigg, 2012).

O autoconhecimento

A busca pelo autoconhecimento tem que ser percorrida de maneira prazerosa, afinal o ser humano é algo de muito valor. Não sei se você é crente ou ateu. Isto não importa. Quero inicialmente compartilhar algo e se lhe fizer sentido você aplica em sua vida. Diz a Bíblia que após o término de cada dia Deus olhava para as coisas que criara e reconhecia que eram boas, mas quando olhou o ser humano que havia criado ele expressou satisfação, entendendo que o que fizera era algo extraordinário. O melhor de sua criação (Gn. 1:31). Pois bem, a primeira verdade a seu respeito é que você tem um valor imensurável. Há uma energia vital, um sopro divino pulsando dentro de você. É preciso estar em harmonia com este sopro, com a vida que pulsa dentro de você. Adquira consciência do valor que você tem.

Ao se ligar com a fonte de sua existência e reconsiderar o valor que você tem, o que você pensa acerca de si mesmo? Qual visão você tem das outras pessoas e do mundo? Isto se constitui necessariamente numa primeira tomada de consciência. E é uma atitude fundamental no processo de autoconhecimento. Chamamos esta valoração, em geral, de crenças. Nossas crenças resultam na maneira de como enxergamos o mundo. De como pensamos e da maneira de como nos sentimos e nos comportamos.

O poder das crenças

Esta categoria é muito relevante, pois somos o resultado de nossas crenças. Quais são as suas crenças? Elas são positivas e fortalecedoras? O que você pensa sobre si mesmo? E sobre relacionamentos com pessoas? Abundância e dinheiro? Poderíamos fazer uma lista de várias facetas da vida e observarmos o que pensamos sobre cada uma delas. Buscar perceber o que pensamos acerca destas coisas e compreender, a partir daí, o que é que trava o nosso desenvolvimento pessoal e profissional. Faça uma lista dessas crenças negativas e procure descobrir quando elas começaram. Em quais situações elas estão presentes. Como elas chagaram a fazer parte de sua história de vida, e por quê? Identifique o pai ideológico de suas crenças e trate de resolvê-las, o quanto antes. Porque disto depende a sua felicidade e o seu sucesso tanto pessoal, quanto profissional.

Essa atividade não é difícil de fazer, mas exige decisão. Vou dar um exemplo. Quando criança minha professora da 4ª série do ensino fundamental me chamou de "burro", isto porque eu não havia feito um exercício de matemática corretamente. Esta atitude da professora me fez não gostar de matemática e, o que é pior, a incapacidade que naquele momento inicial se referia apenas à aprendizagem de aritmética transferiu-se para outras áreas da minha vida. Por meio dessa reflexão descobri o que estava por trás do meu comportamento de incapacidade, incompetência e inutilidade. Precisei refazer minha autoimagem. Afirmar conscientemente que eu sou capaz de aprender e fazer qualquer coisa, basta estar focado no que eu desejo alcançar, planejar e exercitar. Além disso, a repetição foi muito importante nesse processo, pois ela transformou-se num hábito. A repetição de uma atitude transforma-se num hábito. E de fato, nós somos os nossos hábitos.

Neste processo de formação do hábito, cabe o erro. Errar não é fracassar. No exemplo citado, como se tratava de um comportamento adquirido da atitude negativa de minha professora e que acabei inculcando como uma realidade existencial, aprendi primeiro que precisava perdoá-la. O perdão liberou o bloqueio que me tornava sempre reativo diante de situações semelhantes. Esta atitude mudou completamente os meus relacionamentos, pois eu constantemente me irritava com pessoas que discordavam de minhas opiniões e não sabia o porquê. Um pensamento ou um comportamento leva-nos a outro pensamento e comportamento do mesmo gênero, causando-nos bloqueio cada vez maior. A Neurociência chama isto de "neurônios espelhos". E é dessa forma que vamos construindo nossos traumas, complexos e valores existenciais negativos, tanto acerca de nós mesmos como dos outros.

Crenças negativas estão imbricadas no nosso inconsciente e são geradas por pessoas que exercem sobre nós uma determinada liderança. Podem ser nossos pais, professores, o cônjuge, um amigo, entre outras pessoas que nos são importantes. Elas muitas vezes agem inconscientemente achando que estão dando o que elas têm de melhor. Necessariamente não significa um ato de maldade e, ainda que seja, faz-se necessária a prática do perdão, liberando tais pessoas da culpa pelos nossos fracassos. Nesta perspectiva, podemos aprender a praticar o perdão e o amor.

Ainda falando a respeito das crenças, geralmente elas são formadas na nossa infância. Fase da vida na qual não temos a capacidade adequada de discernimento nem de autonomia para tomarmos decisões. Nossas crenças se enraízam no nosso sistema límbico, determinando nossos pensamentos, sentimentos e atitudes e se configuram como um mecanismo de proteção. Tornamo-nos reativos.

É muito importante o uso correto das palavras, tanto de quem as profere quanto de quem as recebe. A palavra tem poder e ela está eivada de emoções negativas ou positivas. Palavras proferidas geram crenças. E estas, por sua vez geram pensamentos, sentimentos e comportamentos. Seja qual for o nível de liderança ou o tipo de autoridade que você exerce, bem como o tipo de relacionamento que você mantém com as pessoas, tenha muito cuidado com a maneira como você profere as palavras.

Outra situação que quero compartilhar é sobre crenças a respeito do dinheiro. Sempre achei que os ricos eram pessoas desonestas e capitalistas exploradores. Aprendi isto na universidade. Que ser rico era coisa para sortudos ou para quem herdasse uma grande fortuna ou, ainda, resultado de corrupção. Já na religião aprendi que ter muito dinheiro era pecado. As crenças geralmente surgem assim. A gente vai juntando meias-verdades e cria uma generalização, pronto à crença está feita.

Apesar de ter nascido numa família humilde, mas muito esforçada, e de nunca ter passado fome, me deparei com algumas dificuldades e escassez. Posteriormente apreendi a teoria de que o capitalismo era a desgraça da humanidade. Isso tudo já era suficiente para gerar em mim um bloqueio para ganhar dinheiro. Acrescido a isto, não recebi uma educação financeira adequada e nunca fui estimulado a construir ativos. Não aprendemos isto nem na família e nem na escola. O resultado foi que, apesar de minhas receitas perfazerem mais de 12 salários mínimos mensais, minhas despesas eram maiores do que minha renda. Quanto mais ganhava, mais me endividava, até que me deparei com os livros "Pai rico e pai pobre" (Kiyosaki e Lechter, 2000) e "Empreendedorismo não se aprende na escola" (Kiyosaki, 2014). Eles me ajudaram a desconstruir a visão limitante que eu tinha sobre o dinheiro e a construir novos valores fortalecedores sobre finanças.

A autorresponsabilidade

O que devemos fazer com nossas crenças? Primeiro, analisá-las. Uma vez que nossas crenças dizem tudo a nosso respeito precisamos substituir nossas crenças negativas e limitantes por positivas e fortalecedoras, pois elas irão gerar pensamentos, sentimentos e comportamentos empoderadores. Em segundo lugar, tome uma atitude para ter sua realidade transformada.

A maioria das pessoas é motivada pelas circunstâncias e por decisões emocionais erradas. Deixam-se dominar por pessoas controladoras e revivem o passado constantemente. Tampouco devemos permitir que as pessoas nos conduzam ao seu bel prazer. Como Ser de grande valor que somos, precisamos assumir o controle das nossas vidas e tomar as decisões corretas. Deixe de pôr a culpa nas pessoas e nas circunstâncias e assuma o controle da sua vida. Adquira autorresponsabilidade.

Quando estava editando este artigo um vírus entrou no meu notebook e, como a licença do software do antivírus havia expirado, o mesmo começou a percorrer os meus arquivos. De repente meu computador ficou travado. Quando da instalação de um novo antivírus consegui fazer uma varredura e eliminar todos os vírus que entraram e travaram minha máquina. A nossa vida é do mesmo jeito. Por meio de crenças negativas e limitadoras travamos a nossa capacidade de desempenho pessoal, relacional e profissional. É necessário obtermos consciência dessas crenças e fazermos uma varredura para eliminá-las. As nossas crenças são resultados de nossos pensamentos, sentimentos e comportamentos. Tome consciência de suas crenças negativas e limitantes por meio da autoconsciência e assuma a responsabilidade para modificá-las. Adote uma atitude de mudança substituindo suas crenças negativas por crenças positivas e empoderadoras. Deixe a vida fluir continuamente para melhor.

A fisiologia como ponto de partida para a mudança

Nosso corpo é um canal extraordinário. Por meio dos nossos sentidos captamos as sensações do meio externo e enviamos para o nosso cérebro essas impressões obtidas. Pois bem, a partir daí nossos pensamentos geram crenças e sentimentos que, por sua vez, geram comportamentos. É verdade também o fato de que nossos comportamentos geram pensamentos, que geram sentimentos e crenças. Este ciclo interminável descreve quem nós somos e determina o que somos.

O lado bom dessa história é que da mesma forma que construímos uma ideia podemos desconstruí-la e reconstruí-la continuamente. E assim não precisamos viver miseravelmente presos a uma crença ou a um comportamento pelo resto da vida. Como, então, mudar uma crença?

Ao responder esta indagação vamos retornar à ideia de que o nosso corpo é um canal extraordinário, pois ele vai ser a chave para esta resposta.

Precisamos adquirir consciência corporal, pois o ser que pensa e experimenta só consegue realizar essas ações por meio do corpo. É ele que decodifica as sensações advindas do meio ambiente, é por meio do qual se produzem todos os tipos de conhecimentos. É no corpo que expressamos o prazer, nossas alegrias, vitórias e sucessos. É, também por meio dele que experimentamos o desprazer e as tristezas. Evidenciamos nossas derrotas e insucessos e, ainda é nele que somatizamos nossas angústias e frustrações. É no corpo que alimentamos nossos pensamentos e sentimentos responsáveis por nossos comportamentos. Em minha pesquisa de Mestrado sobre a ação educacional da Psicomotricidade Relacional, abordo com mais detalhes essa questão (Souza, 2013).

"O Corpo Fala", de Pierre Weil e Roland Tompakov (2012), é um livro pioneiro que se reporta à linguagem da comunicação não verbal. O corpo é a comunicação mais arcaica do ser humano, pois, quando não existia a linguagem falada e escrita, expressava-se por meio de gestos e de mímicas, constituindo-se nos primeiros símbolos de comunicação. Ainda hoje basta um gesto e a comunicação está estabelecida. Nosso corpo possui aspectos funcionais, anatômicos, fisiológicos, psicológicos e neurológicos que são indissociáveis. Nosso corpo é um canal de comunicação. Por meio dele nos comunicamos com o mundo e revelamos às pessoas quem nós somos, o que estamos sentindo e o que pensamos.

Na introdução deste artigo foi dito que problemas de uma vida inteira poderiam ser eliminados em questão de horas. Posso lhe assegurar que isto não é clichê de marketing enganoso. É possível quando compreendemos as funções neurofisiológicas de nosso corpo. Não temos aqui a pretensão de dar um curso sobre Neurociência, Programação Neurolinguística, Epigenética ou de Coaching, mas levar você a compreender algumas técnicas necessárias para aprender o uso correto dos recursos de que dispomos, a fim de mudarmos a nossa maneira de ver o mundo e adquirirmos autodomínio e autoconfiança.

Além de tudo o que já foi dito anteriormente é realmente fantástico o que estamos aprendendo acerca do nosso corpo. A nossa fisiologia determina o nosso estado psíquico-emocional e vice-versa. Somos o resultado de aspectos neurofisiológicos. "A fisiologia é o mais poderoso instrumento que temos para mudar um estado e produzir resultados dinâmicos instantaneamente" (Hobbins, p. 147, 2009). É incrível o poder desse recurso.

Nossos pensamentos são processados no cérebro, que por meio do nosso sistema nervoso central emite estímulos para todo o sistema nervoso de nosso corpo, resultando, assim, num sentimento e um comportamento. É verdade, também, que quando adotamos determinada postura esta fisiologia emite um estímulo nervoso para o nosso cérebro, que gera pensamentos e sentimentos semelhantes. Você já se apercebeu quando está triste? A cabeça está baixa, os ombros caídos e a testa franzida. Em compensação, quando se está alegre o rosto fica sorridente com a postura do corpo levantada e cheio de energia. Não é difícil perceber quando uma pessoa está bem ou quando ela está com problemas. Embora uma pessoa diga que está bem, o seu corpo revela facilmente se este estado de bem-estar pronunciado verbalmente é verdadeiro ou não. A fisiologia diz tudo. Em síntese, aprendemos que pensamentos geram comportamentos e sentimentos, mas comportamentos também geram pensamentos e sentimentos. Pode parecer redundante, mas sentimentos geram comportamentos e pensamentos. É uma cadeia indissociável. Compreender estas verdades, obtendo domínio sobre elas e aplicando-as em nossas vidas, é extremamente importante para mudanças na área pessoal e profissional.

No controle de nossos sentimentos

Somos seres sensitivos. Expressamos constantemente alegrias e tristezas. Prazer e dor. Contentamento e descontentamento. Esses fatores são corriqueiros em nosso cotidiano. A questão está no fato de quem está no comando de nossas vidas. E isto você é quem decide.

Se forem as circunstâncias, o meio em que habitamos, as pessoas, o passado, a nossa mente e as nossas emoções inconscientes que estiverem no controle, nossa vida será desgraçadamente cruel. Porém, se o nosso comportamento é resultado de um agir consciente e centrado no Ser, teremos uma vida de plena harmonia apesar de as circunstâncias em alguns momentos não serem tão favoráveis. A atitude positiva, empoderadora, fortalecedora e proativa fará a grande diferença. Se nossos pensamentos, sentimentos e comportamentos forem inconscientes e baseados no ego o sofrimento será inevitável. E isto é autodestrutivo, como diz Eckhart Tolle (2002) em seu livro "O poder do Agora".

Vivendo um dia de cada vez

Para fim de conversa, outra verdade fundamental necessária a uma vida plena é aprendermos o fato de que a única vida que podemos viver é a do momento presente. O passado não existe mais e jamais existirá. O futuro é algo não experimentável, pois ainda não ocorreu. A única certeza da qual podemos ter e experimentar é a do momento presente.

Viver num passado que não existe mais acarreta sobre o indivíduo pensamentos, sentimentos e comportamentos depressivos. Por outro lado, se prender a um futuro que não existe ainda, coloca a pessoa sob pensamentos, sentimentos e atitudes de ansiedade. Viver aprisionado a essas circunstâncias inexistentes de fato, faz a pessoa adoecer e até morrer. Podemos evitar este sofrimento vivendo um dia de cada vez. Este é um método muito eficaz utilizado pelos grupos de terapia que lidam com os diversos tipos de compulsão (álcool, drogas, sexo, alimentação etc.).

Viva a beleza de cada dia. Esteja presente com todo o seu SER fluindo em cada célula do seu corpo. Criando continuamente pensamentos, sentimentos (emoções) e comportamentos (atitudes) positivos, fortalecedores e empoderadores. Seja proativo. Esteja em conexão com a Fonte da existência (para mim, esta realidade sobrenatural é o Deus criador do Universo). Desenvolva sentimentos de perdão, amor e gratidão e você estará no caminho da libertação, da felicidade e de sua autorrealização.

Finalmente, gostaria de salientar que as técnicas ensinadas neste artigo tem transformado a vida de muitas pessoas. Obtenho resultado todas as vezes que aplico essas verdades em minha vida. E se este conhecimento aplicado corretamente tem apresentado resultados transformadores na vida de outras pessoas, também obterá resultados satisfatórios em sua vida. Basta que você acredite, tenha fé e pratique o conteúdo aqui compartilhado. Exerça força de vontade e determinação e, depois, basta "colher os frutos" e passar esse conhecimento adiante para beneficiar mais pessoas.

O poder do
Mentoring & Coaching

Francisco Edilson Freire Júnior

Liderança em tempos de crise

Francisco Edilson Freire Júnior

Formado em Relações Internacionais com MBA em Gestão de Recursos Humanos e cursando MBA em Gerência de Projetos, com formação complementar em diversas atividades administrativas e comerciais. Estagiou na Agência Brasileira de Cooperação – ABC/MRE. Participou de dois simpósios na Universidade Católica de Brasília, sendo bolsista e coordenador discente no Projeto Monitor Internacional. Na Associação Brasileira de Instituições de Pós-Graduação exerceu o cargo de secretário.

(61) 8156-5065 / 3084-1849
franciscoedilson84@gmail.com

O mundo vive um período de crise, mas qual a novidade em tudo isso? Milton Santos (2009) nos alertou que a globalização que nos domina é uma crise estrutural, logo, todos estão inseridos nela. Não se vive momentos de crise só quando a mídia alerta. Pessoas, empresas, países, o mundo está continuamente inserido num cenário de crise que provoca mudanças, confrontando todos a reagirem e assim avançarem na esteira veloz do desenvolvimento. Aqueles que não reagem ficam para trás e são soterrados pela avalanche do progresso tecnológico que vivemos.

Bom! Quando penso em crise me vêm à mente palavras como: caos, desordem, reestruturação, correção, oportunidades e liderança. Realmente, toda crise é um misto de destruição e construção ou reconstrução. Esqueçamos por um minuto o viés destrutivo que as crises possuem e as vejamos como oportunidades.

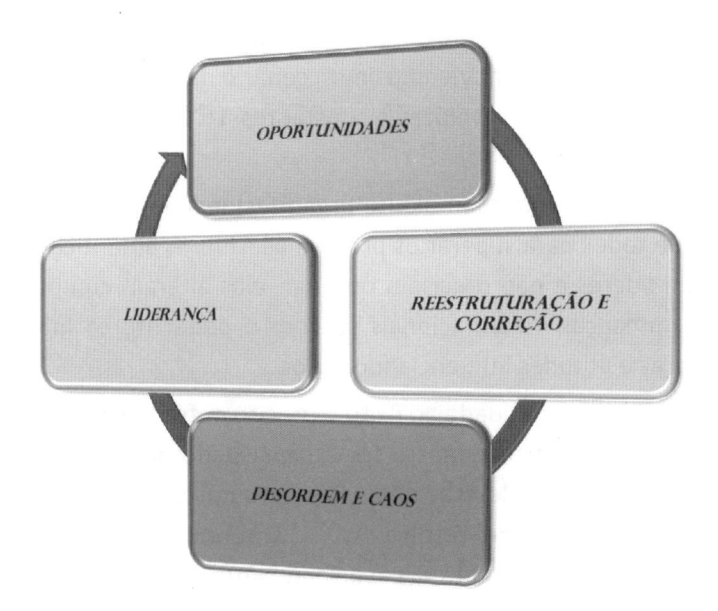

Agora vamos entender o que observamos na figura: crises nos dão oportunidades de corrigir o que está errado, o que foi ignorado por não funcionar mais, nos levando a uma reestruturação que vai gerar desconforto por causa da desordem e do caos momentâneo, que por sua vez desencadeiam uma nova geração de lideranças para revisar e reordenar tudo. Ao tratar da questão da liderança nesse contexto não estou tratando de revolta ou rebelião, é que nesse momento as peças no tabuleiro mudam de posição, alguns saem do jogo e outros permanecem.

O medo das mudanças trava o crescimento e interrompe todos os processos desenvolvidos. O desconhecimento torna-se mais assustador devido às mudanças. Deixam pessoas inseguras constantemente e assim uma percepção destrutiva de inferioridade sobre as mudanças que o futuro reserva abate o ânimo de todos, e como Sun Tzu nos ensinou na "Arte da Guerra", um exército sem ânimo não tem condições de vencer uma batalha.

A preocupação com as mudanças nos faz perder oportunidades de avançar, acabamos nos contentando com a situação como está e nos enraizamos numa falsa zona de conforto e vamos ficando pra trás. Existem alguns que conseguem sair do ponto zero, mas por temerem as mudanças acabam retrocedendo e voltam de onde começaram. Tal medo acontece por não querer se arriscar, nos deixando mumificados onde consideramos confortável.

✓ Mudanças acontecem durante ou entre crises, quando há a estruturação de uma nova ordem. Vivemos num cenário de crise estrutural em que mudanças são inevitáveis, velozes e constantes. **LIDERANÇA ACONTECE EM MEIO ÀS CRISES.**

✓ Líderes alteram o ambiente organizacional ao potencializar as habilidades de todos para superar os problemas. Líderes autênticos não se autointitulam líderes e não precisam ordenar, eles alteram comportamentos trazendo mudanças organizacionais só com o poder (força intrínseca) de suas palavras e atitudes influenciando todos.

Para ir da oportunidade ao êxito é preciso enfrentar os medos de mudança, romper com os mesmos e ter a capacidade de se antecipar (CORTELLA, 2015). O desafio leva as pessoas a procurar os recursos de conhecimento e de habilidade para resolvê-los. [...] O ser humano só cresce quando recebe um desafio superior à sua capacidade atual (FALCONI, 2012).

O ser humano só consegue desenvolver suas habilidades quando seu potencial é colocado à prova. Tudo isso se traduz com o vento oportuno que Mário Sérgio Cortella (2015) nos apresenta para entender o que é necessário para levantar voo com um vento contrário, também chamado vento oportuno. A globalização age como uma tempestade de ventos oportunos fortes, forças que se colidem formando atividades extremas, esses ventos colocam à prova as estruturas organizacionais de qualquer empresa. Trata-se de uma conjunção de mudanças rápidas que transformam diversas áreas, nenhum ambiente é estável e equilibrado o bastante para resistir. Força das colisões se compara aos fenômenos da natureza como tornados, terremotos e maremotos que devastam e alteram o relevo, tornando-o irregular, e também pode deixar movediça a base da organização. Essa comparação nos leva a entender como uma crise estrutural constante atinge a empresa simultaneamente em diferentes intensidades para testar sua força e o equilíbrio. Líderes possuem o poder de transformar crises em oportunidades ao conseguir usar as mudanças tão profundas para edificar a liderança na empresa ao enxergar o futuro além dos obstáculos com a coragem de ir além, arriscando perder, mas também conquistar maior credibilidade.

Toda empresa sendo uma organização pode ser comparada a um prédio em que muitas pessoas trabalham juntas. Assim como num edifício onde muitas pessoas vivem é durante crises que as pessoas se aproximam e se tornam mais abertas a aprender e cooperar. A aproximação é um mecanismo de defesa natural para diminuir as vulnerabilidades aparentes e assim também é possível conhecer melhor cada pessoa, o líder (oportunista) será aquele que aproveitar a oportunidade de consolidar sua credibilidade. Assim trazendo a todos a confiança e a motivação necessária para prosseguir com as oportunidades que surgem.

O líder oportunista também é aquele que ao invés de recuar ao ser confrontado por dificuldades avança, construindo a liderança, filtrando e agregando as ideias, convergindo e compatibilizando tudo numa só proposta de trabalho. Trata-se de conseguir ser criativamente destrutivo, recriando muitas vezes a estrutura da empresa onde está a ruir ou onde só há escombros e entulhos. <u>Ser uma liderança oportunista é construir uma comunicação aberta e um dinamismo na forma de interagir em que não exista imposição de visões e opiniões, ao contrário, resulta num processo coletivo de liderança criando e compartilhando uma só visão, pensamento, voz e motivação a inovar.</u> **Quando falamos da unicidade nada mais é que um entendimento construído por meio da colaboração de todos, impedindo que aconteçam conflitos de egos e vaidades que só tendem a desestabilizar a ordem numa crise interna.**

✓ Há de se ressaltar que líderes não são perfeitos, eles tentam decodificar todas as informações ouvidas, vistas, ditas e praticadas nas empresas, com o intuito de unificar o posicionamento.

✓ Líderes não são alfas, heróis, deuses ou sem interesses. Sempre tentarão mitificar a figura de um líder extremo que tudo supera, indestrutível, vindo de uma linhagem familiar (parentes dos donos) e que tem poder de controlar tudo e todos. O primeiro erro é desconsiderar a humanidade dos líderes ao exagerar no perfil e nas atitudes que devem ter.

✓ Líderes também podem ser chefes, embora muitos gestores se contentem com o primeiro nível da liderança que é posicional, não aproveitam a oportunidade de evoluir e subir de nível, levando outros ao autodesenvolvimento.

✓ É preciso deixar a figura banalizada de líder que dá base aos mitos, o líder sempre é o superior e o restante é inferior, isso porque se a liderança surge em crises significa que também está no mesmo patamar. Essa ideia de superioridade é geralmente denominada aos chefes e gestores que se valem apenas por seus cargos e possuem uma visão marginalizada dos colaboradores e não querem ser confrontados.

Todos são atingidos de alguma forma pelas crises, até porque são pessoas que produzem, deliberam, compram e vendem. As pessoas formam tanto empresas, quanto Estados e mercados, logo, tudo que atingi-las também refletirá nas organizações. As crises podem enfraquecer estruturas organizacionais ao fragilizar a confiança das pessoas.

As mudanças trazem consigo instabilidade, gerando incertezas e insegurança sobre o futuro, as pessoas mostram-se despreparadas, desconfiadas e por isso recuam ao desconhecer aquilo que o futuro reserva com as mudanças que acontecem. As crises causam danos, sempre haverá desmoronamento das estruturas mais frágeis e sobrará espaço para criar inovações. Quando mudanças são mais profundas, revelam áreas que precisam ser reconstruídas ou reformadas. Mas, para tanto é necessário ter um plano de ação e, assim como a planta de um prédio, o planejamento bem detalhado irá determinar o sucesso do projeto, para evitar interrupções desnecessárias e desperdícios, jogando todos os esforços e o tempo empreendido no lixo.

As ferramentas para desenvolver a liderança em tempos de crise são o Mentoring e o Coaching, ambos eficazes no aperfeiçoamento de todos na empresa. A conexão que existe entre eles e a liderança coletiva é tornar a Administração de Recursos Humanos (ARH) pulverizada na organização, sabendo que na conjuntura atual não é mais viável ter a responsabilidade restrita a um grupo de pessoas na gestão.

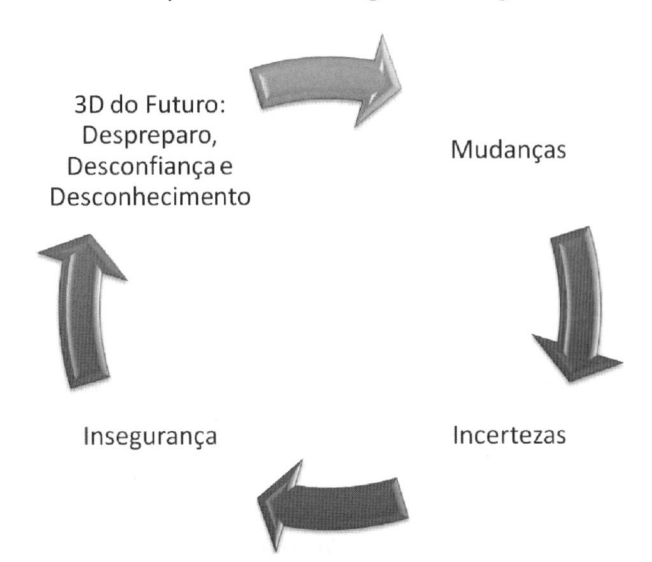

```
3D do Futuro:
Despreparo,          →    Mudanças
Desconfiança e
Desconhecimento
        ↑                    ↓
   Insegurança         Incertezas
              ←
```

Um negócio competitivo é aquele que tem uma equipe com mais habilidade para satisfazer as necessidades de sobrevivência das pessoas (capacidade de atingir metas) do que as equipes dos negócios concorrentes. Se você deseja ser competitivo sempre, ou seja, sobreviver, você deve cultivar hoje sua equipe de amanhã. Cultivar é uma palavra muito especial. O cultivo de uma planta requer cuidados, muito tempo e dedicação. Temos que preparar a terra, proteger a muda, alimentar a terra com nutrientes, regar etc. Tudo isso tem que ser feito até que a árvore cresça e não precisará de sua ajuda, e estará pronta a ajudá-lo com sua sombra, seus frutos. Cultivar uma equipe de elevada habilidade é promover o crescimento do Ser Humano. Falconi (2012)

Trabalhar a liderança coletivamente com o Coaching e o Mentoring é cultivar em cada pessoa na organização seu potencial, cultivando novos líderes, desconcentrando todos os atributos da ARH na estrutura. "O líder é responsável pela VIDA de sua empresa. Além de ser responsável pela vida de cada membro de sua equipe" (FALCONI, 2012). A percepção de liderança coletiva evolui a gestão por equipes, rompendo a atual visão de trabalho em equipe que transforma empresas em arquipélagos, onde cada equipe é como uma ilha e não se agrega à importância da coletividade organizacional, já que todos que fazem parte da empresa também são responsáveis pelas vitórias alcançadas, tudo irá depender da atitude de cada um para contribuir para aperfeiçoar e agindo como líderes.

A empresa que investe num projeto de Coaching e Mentoring está criando anticorpos que irão aumentar a imunidade dela para se defender dos malefícios das crises. O poder de transformação de uma liderança é poder ser tanto liderado como líder, trabalhando em conjunto, influenciando, motivando e impulsionando a mudanças para sobreviver às crises. Estar numa posição de chefia é o primeiro nível para liderar e a partir daí ou se avança ou se atrofia.

> *Liderança é um processo, não uma posição. Houve um tempo em que as pessoas usavam os termos liderança e gestão alternadamente. [...] A gestão está em seu melhor momento quando as coisas permanecem as mesmas. Liderança lida com pessoas e suas dinâmicas, as quais estão em constante mudança. Nunca são estáticas. O desafio da liderança é criar mudança e facilitar o crescimento. Isso exige movimento, que, como logo você verá, é inerente na subida de um nível de liderança ao outro. [...] Lidere bem as pessoas e ajude os membros de sua equipe a tornarem-se líderes eficazes e um plano de carreira de sucesso está quase garantido. Maxwell (2012)*

John Maxwell (2012) nos mostra quais são os cinco níveis da liderança:

1º nível: Posição – Direitos – as pessoas o seguem porque são obrigadas;

2º nível: Permissão – Relações – as pessoas o seguem porque querem;

3º nível: Produção – Resultados – as pessoas o seguem por causa do que você faz para a empresa;

4º nível: Desenvolvimento de pessoas – Reprodução – as pessoas o seguem por causa do que você faz para elas pessoalmente;

5º nível: Pináculo – Respeito – as pessoas o seguem por causa de quem você é e do que representa.

A estratégia para vencer as crises é construída com o poder do Coaching e do Mentoring para subir nos níveis de liderança na organização. Falar de Mentoring e Coaching é falar de legado e esse legado é edificado pela confiança que se adquire ao cultivar a liderança em cada pessoa, ultrapassando os níveis iniciais em que tantos se deixaram acomodar.

O Mentoring cria um novo esqueleto interno da empresa para que ela cresça verticalmente, isto é, em direção ao futuro, além do que os olhos podem ver. Mas para isso depende da limpeza do ambiente em que os escombros e entulhos são tirados para dar espaço aos pilares de uma liderança compartilhada. O Coaching é trabalhado no imediato para construir e fortalecer os andares que formam as áreas da empresa e que possibilitam seguir em frente com o Mentoring, avançando gradativamente a confiança na liderança que é conquistada pouco a pouco todos os dias.

Conclui-se que não existem fórmulas mágicas para alcançar o sucesso pleno das lideranças em meio às crises, contudo, dependerá das condições existentes e do quanto a empresa estará disposta a se arriscar para aproveitar as oportunidades sem deixar o potencial de todos ser sufocado nos escombros das crises, num ciclo autodestrutivo. A resposta vem do rumo a se tomar com o Mentoring e o Coaching na edificação da liderança nos períodos de turbulência.

O poder do
Mentoring & Coaching

Gizeli Ribeiro

Os segredos do Coach bem-sucedido

Gizeli Ribeiro

Hapiness Coach e holomentora com certificação internacional em Coaching, Mentoring & Holomentoring com foco em Professional, Self & Life Coaching (ativação de competências pessoais e profissionais com abordagem holo-sistêmica ISOR), palestrante, idealizadora do Programa Feliz da Vida e fundadora do blog Vibrar AAPI.

gizeliribeiro@outlook.com
www.gizeliribeiro.com

Tenha em mente que o Mentoring e o Coaching são metodologias eficazes e poderosas, mas, se você não for um bom Mentor ou Coach, elas não fazem milagre, assim como uma costureira não vai operar devidamente um excelente aparelho de ultrassom e uma excelente carretilha não tem serventia nas mãos de um radiologista.

Como diz Geronimo Theml, sucesso se conquista com habilidade. E habilidade se adquire com conhecimento, prática e repetição. Para adquirir experiência e habilidade, você precisa começar a atender seus clientes assim que você concluir a sua formação básica. Cuidado para não cair na armadilha da paralisia por análise! Quando concluir sua formação básica, não espere para começar a atuar na área depois que concluir aquela formação em Master, Advanced, Trainer Coach ou Master Trainer Coach. Seria como correr na esteira e nunca sair do lugar. Você não vai melhorar depois que tiver dois ou três certificados na gaveta e nenhuma experiência, mas sim conforme a prática.

Meses após concluir minha formação, eu aprendi no conteúdo de Conrado Adolpho e nos livros que ele recomendou tudo o que vou dizer aqui, com exceção de duas técnicas que descobri na prática.

Para ser um profissional bem-sucedido, você precisa subir alguns degraus. Eu vou citar os principais: o primeiro é tornar-se especialista, o segundo é tornar-se autoridade e o terceiro é tornar-se celebridade. Neste nível, você é bem-sucedido. Depois, você pode subir o quarto degrau tornando-se Papa e o quinto degrau, tornando-se mito.

Para tornar-se especialista, escolha o seu nicho. Ao longo deste artigo, você vai descobrir o motivo. Nicho escolhido, você deve ter em mente que o Coach é um empreendedor, pois você não pode preencher o currículo e procurar emprego. Portanto, você precisa distribuir seus conhecimentos em livros, e-books, programas, cursos e palestras, transformá-los em produtos e aprender como atrair, conquistar e manter seus clientes. É bom que você aprenda Marketing Digital porque, através da internet, você pode alcançar pessoas de toda parte do mundo.

Identifique o tipo de cliente que você quer, conheça as dores e desejos dele, saiba que tipo de lugar ele frequenta (isto inclui as redes sociais e os sites que ele visita) para que você saiba exatamente como atraí-lo e ajudá-lo.

Para ser bem-sucedido, você precisa ser uma autoridade no seu nicho.

Para isso, você precisa ter credibilidade. Para construir credibilidade, você precisa doar seu tempo e oferecer conteúdo de valor, assim as pessoas começam a confiar em você.

É importante ter um posicionamento. Quando você domina um assunto, as pessoas usam uma tagline para te apresentar, elas te apresentam como especialista neste nicho. Este nicho deve ser bastante específico. Não basta ser "O Coach da Mulher". Você precisa ser mais específico, por exemplo: "O Coach das Mães Executivas". Então, as mulheres que têm filhos, trabalham fora e são executivas vão preferir contratar você a contratar qualquer outro Coach generalista ou que seja especialista em outro nicho.

Posicionamento significa ocupar um lugar que já existe na mente das pessoas, é o modo como as pessoas percebem você. Então, você precisa pensar qual é a caixa que você quer ocupar na mente delas. Quantos profissionais existem na caixa que você quer ocupar? 15 são muitos. Coloque outra caixinha dentro desta caixa até que tenha cinco, no máximo. Por exemplo: existe Coach de empreendedores numa caixa grande. Dentro desta caixa, existe Coach de empreendedores iniciantes e, dentro desta caixa, existe Coach de empreendedores iniciantes com poucos recursos. Não adianta ser o único Coach da caixa se o público é muito pequeno. Você precisa criar um equilíbrio entre a demanda e a quantidade de Coaches que existem nesta caixa.

O próximo passo é criar conteúdo, criar audiência e ser famoso entre as pessoas que te conhecem. Publique conteúdos que ajudam a eliminar a dor do seu prospecto. Você descobre a dor das pessoas conversando com elas. Peça feedback, crie interação. Dê um comando claro, opções "sim" ou "não". Quando você dá um comando e as pessoas seguem, você mede o grau de credibilidade dos seus prospectos. Preste atenção aos comentários deles. A partir das dúvidas e queixas dos seus prospectos você pode criar e-books, livros, cursos, programas e palestras mostrando como solucionar os problemas deles.

O que mais dá credibilidade é doação. Olhe para as pessoas, fale com elas de maneira relaxada, faça gestos largos, abra o peito para elas. Quando você fala da sua vida e conta seus segredos, você cria uma relação mais íntima e confiança. Se você se fechar, as pessoas não vão te conhecer e não vão confiar em você.

As empresas bajulam as pessoas que têm dinheiro e rejeitam as pessoas que têm tempo, mas o número de pessoas que têm tempo é muito maior do que o número de pessoas que têm dinheiro. Quando você oferece conteúdo gratuito de valor para aqueles que têm tempo, mas são rejeitados por não terem dinheiro, eles são gratos e te indicam para pessoas que têm dinheiro. E as pessoas que têm dinheiro confiam mais na indicação dos amigos do que nas propagandas porque os amigos que não têm dinheiro passam para elas a credibilidade que você transmitiu a elas. Então, você vai conquistar clientes pagantes através daqueles que não podem pagar. Com isso, você ganha, as pessoas que têm dinheiro ganham e as pessoas que não têm dinheiro ganham também.

Cada pessoa tem um canal de aprendizagem. Tem gente que aprende melhor lendo, alguns aprendem melhor assistindo vídeos, outros aprendem melhor ouvindo áudios. Alguns aprendem melhor através de infográficos, outros aprendem melhor fazendo. Então, produza um mesmo conteúdo e distribua em infográficos, vídeos, podcasts, e-mails e tarefas. Em cada mídia, você vai dizer a mesma coisa de diversas formas porque o cérebro é formado por três partes: o croc brain (a parte reptiliana), o midcórtex e o neocórtex. Cada parte funciona como um filtro de informações. O croc brain é o primeiro filtro, mas absorve apenas uma parte do conteúdo. Então, as pessoas precisam assistir diversas vezes para absorvê-lo integralmente. Esta é uma técnica que descobri sozinha, mesmo sem ter conhecimento do croc brain, e em cinco anos de experiência fui constatando que funcionava. O mesmo ocorreu com a técnica a seguir:

Você precisa criar um ambiente persuasivo para impactar o prospecto e fazer com que ele se familiarize com você. Crie sete pontos de contato para convencê-lo: site com página de captura, e-mail marketing, Fan Page, canal de vídeo, canal de áudio, redes sociais... Traga as pessoas da sua lista de e-mails para o Facebook, Youtube etc. Traga seus amigos do Facebook para o Youtube, Soundcloud, Twitter etc. Faça com que cada um dos seus contatos de uma das mídias seja seu contato nas outras seis mídias. Como? Quando postar um vídeo no Youtube, coloque seus links das outras redes sociais e o seu e-mail; poste o link do vídeo do Youtube no Facebook; envie um e-mail para sua lista de contatos com um link do vídeo que você postou no Youtube, mas ao invés de colocar um link direto para o Youtube, ponha um link da URL do seu post do Facebook que tenha o vídeo. Faça o mesmo com o Soundcloud e todas as mídias. Com isso, você vai construir uma rede de sete vias pelas quais o seu conteúdo vai chegar até o seu prospecto. Cercado, ele acaba te encontrando. Este é o grande pulo do gato para você construir um ambiente persuasivo.

Das pessoas que têm tempo, mas não têm dinheiro, você vai cobrar tempo! Quando você publica conteúdos muito densos em várias mídias diferentes, as pessoas precisam repetir muitas vezes. Conforme elas vão repetindo seu conteúdo em várias mídias diferentes, vão passando muito tempo com você. Então, elas começam a falar de você para os outros. Publique bastante conteúdo gratuito de valor e longa duração (sempre abordando assuntos do seu nicho) porque o conteúdo gera familiaridade. As pessoas confiam mais nos amigos do que em desconhecidos. Você conquista a amizade delas quando elas convivem mais tempo com você. Se elas passam uma hora lendo seus textos, quatro horas ouvindo seu podcast e três horas assistindo seu vídeo, elas passam oito horas por dia com você.

As pessoas se reúnem em torno do conteúdo, mas elas precisam ter assunto para falar de você. Quando você cria conteúdo, você gera assuntos e se torna assunto comum. E assunto comum é cola social, é o que faz as pessoas falarem de você. Com isso, elas falam de você para pessoas que ainda não te conhecem. Então, você alcança um número de pessoas cada vez maior.

Para ter tanto conteúdo, você precisa ler muito. Leia uma hora por dia, no mínimo. Assim, você vai criar o hábito de ler e adquirir a habilidade de ler de um a dois livros por semana. Se você administrar seu tempo de acordo com suas prioridades, você vai encontrar tempo para ler.

Seu conteúdo pode ser transmitido de diversas formas e uma delas é contar histórias, principalmente histórias da sua vida. As histórias criam curiosidade, congelam o cérebro em atenção e mantêm o filtro do croc brain para baixo, para que você tenha acesso ao circuito da recompensa alojado no sistema límbico. Isso ajuda a converter suas vendas. Tudo o que acontece na sua vida serve como lição para o seu crescimento. Em cada conteúdo, você pode contar um episódio da sua vida que contenha uma lição. Quando você conta sua história, você mostra quem você é. Isto transmite confiança. Geralmente, você deve falar dos seus momentos difíceis e como os superou.

Contando este tipo de história, você se conecta muito mais com as pessoas, porque elas se identificam. Conte sua história no início de cada conteúdo.

A internet é uma ferramenta poderosa, mas você precisa tomar cuidado, pois se você fizer um comentário infeliz isso pode prejudicar a reputação que você construiu. Para evitar que isto aconteça, você deve ser íntegro consigo mesmo, contando sempre a verdade. A integridade é a chave principal para construir autoridade porque ela faz com que você tenha consistência. Você constrói autoridade quando você é íntegro e consistente.

Existe uma diferença entre credibilidade, autoridade e celebridade. Você pode ter um amigo que não tem conhecimento nenhum, mas você sabe que ele é incapaz de roubar, mentir, enganar ou trair, então, você confia nele. Essa confiança se conquista através de reforço positivo. Os outros observam a forma como você se comporta em diversas situações e concluem que você é honesto. Eles vão construindo a sua índole com pequenos tijolos. A cada conteúdo seu que eles ouvem ou assistem vão colocando um tijolo, até construir a sua imagem. Se num dia você fala sobre emagrecimento, no outro você fala sobre finanças e no outro sobre relacionamento, eles vão comparar os três tijolos e reparar que são completamente diferentes, então, eles não sabem quem você é e aqueles tijolos se anulam, e a sua imagem não pode ser construída. Se você for consistente e continuar falando de um assunto relacionado ao seu nicho, você terá três tijolos corretamente posicionados e vai construir uma boa imagem na mente das pessoas. Através do seu conteúdo, você vai construir, na mente das pessoas, a imagem que você quer que elas façam de você.

Quando você começa a espalhar muito conteúdo, você se torna um especialista no seu nicho, mas você sobe de especialista para autoridade quando os outros começam a dizer que você sabe muito. A partir daí, eles começam a impactar outras pessoas que ouvem muita gente dizer que você sabe muito. Então, você se torna uma autoridade. A autoridade está muito ligada à prova social. Quando você fala o que sabe, você prova que sabe, mas prova social é quando todos dizem que você sabe.

Você se torna uma celebridade quando você é uma autoridade e as pessoas querem estar junto de você, independente do que você fale. Quando as pessoas querem estar junto de você simplesmente pelo fato de estar junto, mesmo que você não esteja atuando como profissional, mesmo que você não esteja falando sobre o assunto no qual você é autoridade, mesmo que você não esteja dando uma aula, então, você se torna uma celebridade, você se torna alguém que as pessoas querem acompanhar, querem saber da vida. Quando você é uma autoridade, as pessoas se aproximam de você para fazer perguntas, pedir sua opinião, aprender com você. Mas, quando você é uma celebridade, você pode dizer bobagens e as pessoas vão querer ouvir. Elas querem saber da sua vida pessoal.

Para se tornar uma celebridade, você precisa ser conhecido e admirado. E, para que as pessoas te conheçam e te admirem, você precisa falar das suas opiniões sobre a vida. Assim, as pessoas passam a te admirar, não somente como profissional, mas também como pessoa.

Não veja seu colega como um concorrente. No universo do Mentoring e do Coaching, concorrente bom é concorrente parceiro. Se você quer ir longe, é muito importante fazer parcerias. Se você é o melhor profissional da sua mesa, você está na mesa errada. Procure estar entre aqueles que são as maiores autoridades no seu ramo. Aproxime-se de profissionais bem-sucedidos e aprenda com eles. Observe como eles se comportam, leia os mesmos livros. Você deve ter o seu próprio estilo, mas precisa ter o mesmo mindset dos profissionais bem-sucedidos.

O poder do
Mentoring & Coaching

Josiski de Paula

A mentoria holônica nos negócios e na política

Um olhar quântico da economia natural ao capitalismo consciente

Josiski de Paula

Formado em Administração de Empresas, com Certificação Internacional em Coaching, Assessment e Mentoring (Sociedade Brasileira de Coaching/Training DISC – Sociedade Latino Americana De Coaching/Fundação Getúlio Vargas - FGV). Fez cursos com Jhon Grinder e Robert Diltz (criadores da Programação Neurolinguística), Anthony Robbins e Timothy Gallwey (criador do conceito de Coaching). Sua formação inclui Economia Circular Criativa e Solidária, Permacultura, Física Quântica, Transpsicanálise, Abordagem Holística, Gestalt-Terapia, Terapia da Linha do Tempo, Aura-Soma, Massagens Reflexológicas e Energéticas, Técnicas de Respiração e Renascimento. Praticante do ZEN Budismo, estudante de Theravada, Khabbalah, I-Ching e adepto de algumas escolas de pensamento místico. É conferencista e facilitador em eventos corporativos, cursos e workshops nas áreas de sustentabilidade, comportamento e desenvolvimento humano e organizacional. Possui vasta experiência em Mentoria e Gestão de Talentos, Coaching de gerações e sucessão executiva, especialista em gestão de competências nas corporações, alinhamento de equipes em Fusões e Aquisições, Análise Comportamental, Assessoria Empresarial ou Pessoal, Programas de Jovem Aprendiz, Coaching para adolescentes, Lean Startup, sucessão empresarial, Mentoring, Benckmarking e Job Rotation. Consultor-Fundador, Chairman e atual CEO da Spirale – Assessment & Mentoring, empresa de Treinamentos e Desenvolvimento Humano com foco em Projetos Ambientais e Negócios Verdes.

A ciência econômica

Quando Mahatma Gandhi, corretamente irado, advertiu-nos sobre os riscos de uma conduta humana que elegesse a competição obsessiva como um valor de convivência, ele o fez ainda nos inícios do século XX: "Olho por olho, e o mundo acabará cego".

Há-Joon Chang, professor de economia de Cambridge e colunista do jornal The Guardian, em seu livro "Economia: Modo de usar" (de onde foram extraídos os tópicos que se seguem quanto a algumas das principais teorias econômicas já praticadas pelas nações humanas), diz que a Economia é difícil, talvez não tanto como a Física, mas é também uma disciplina que exige muito. Em seu livro anterior, "23 coisas que não contaram sobre o capitalismo", Chang arrisca dizer que 95% da Economia consistem em simples bom senso feito de modo a parecer difícil pelo uso do jargão e da matemática. "AS PESSOAS FORAM LEVADAS A ACREDITAR QUE ASSIM COMO A FÍSICA OU A QUÍMICA A ECONOMIA É UMA CIÊNCIA EM QUE HÁ APENAS UMA RESPOSTA CORRETA PARA TUDO E ASSIM OS NÃO ESPECIALISTAS DEVEM SIMPLESMENTE ACEITAR O CONSENSO PROFISSIONAL E PARAR DE PENSAR NO ASSUNTO", diz Chang. Gregory Mankiw, professor de Economia de Harvard e autor de um dos livros didáticos mais populares sobre o tema, diz: "Os economistas gostam de fazer pose de cientistas. Sei disso porque muitas vezes eu mesmo faço isso quando leciono para graduação. Conscientemente descrevo o campo da Economia como uma ciência de forma que nenhum aluno começa o curso pensando que está embarcando numa empreitada acadêmica inconsistente. HÁ DIVERSOS TIPOS DE TEORIAS ECONÔMICAS, CADA UMA ENFATIZANDO DIFERENTES ASPECTOS DE UMA REALIDADE COMPLEXA FAZENDO JUÍZOS DE VALOR MORAL E POLÍTICO VARIADOS E TIRANDO CONCLUSÕES DISTINTAS. Não conseguem prever os acontecimentos do mundo real mesmo nas áreas em que se concentram, SOBRETUDO PORQUE OS SERES HUMANOS TÊM VONTADE PRÓPRIA, AO CONTRÁRIO DAS MOLÉCULAS QUÍMICAS E OUTROS OBJETOS FÍSICOS. No período que antecedeu a crise financeira de 2008, a maioria dos economistas pregava que os mercados raramente erram e que a economia moderna encontrou maneiras de alisar aquelas poucas rugas que os mercados podem ter. Robert Lucas, ganhador do prêmio Nobel de Economia de 1995, havia declarado em 2003 que o "problema de prevenção da depressão foi resolvido". O PRÊMIO NOBEL DE ECONOMIA NÃO É UM VERDADEIRO PRÊMIO NOBEL. Ao contrário dos prêmios Nobel originais

(Física, Química, Fisiologia, Medicina, Literatura e Paz), criados pelo industrial sueco Alfred Nobel no final do século XIX, O PRÊMIO DE ECONOMIA FOI CRIADO PELO BANCO CENTRAL SUECO (SVERIGES RIKSBANK) em 1968 e, portanto, é chamado oficialmente de PRÊMIO SVERIGES RIKSBANK EM CIÊNCIAS ECONÔMICAS EM MEMÓRIA DE ALFRED NOBEL. Grande parte dos economistas foi apanhada totalmente de surpresa pela crise financeira global de 2008. Não só isso, eles também NÃO TÊM CONSEGUIDO APRESENTAR SOLUÇÕES DECENTES PARA OS DESDOBRAMENTOS AINDA EM CURSO DESSA CRISE. Para Chang a escola atualmente dominante da Economia, isto é, a chamada escola neoclássica, define os estudos econômicos como "A ANÁLISE DAS ESCOLHAS RACIONAIS HUMANAS"...

O Bóson de Higgs (a "partícula de Deus")

"Não havia céu nem terra nem homens. Os deuses não haviam nascido, e ainda não havia mortos. As partículas de tudo e de todos se encontravam num estado potencial de poder ser todas as coisas e não ser nada, confundidas no caos da escuridão do abismo (NUM - a matéria escura do universo). Nele flutuava o Indefinido Espírito Superior (TEM - a Alma do Universo, O Creador), sem forma ou substância. Até que decidiu crear e, assim, O Supremo Construtor do Cosmos empregou a "VOZ" para expressar sua VONTADE e com o primeiro SOM do espaço (OM) apareceram as estrelas e fez-se a LUZ." Texto datado da 5ª e 6ª Dinastias Egípcias, encontrado pelos soldados maçons de Napoleão nas paredes das pirâmides de Gizé.

"No princípio já existia o Verbo e o Verbo (LOGOS) estava em Deus. Ele estava em Deus no princípio dos tempos porque era Deus e por Ele foram feitas todas as coisas e nada do que existe foi feito sem ele. Nele estava."

Há pouco mais que 13 bilhões de anos, quando houve o Big Bang e surgiu o Universo, NÃO EXISTIA MASSA E NADA TINHA PESO. A matéria como estamos acostumados a conceber não passava de uma coleção de partículas subatômicas movendo-se à velocidade da luz, até que algumas delas, denominadas "bósons de Higgs", por serem descobertas pelo físico britânico Peter Higgs, misteriosamente se aglutinaram num processo parecido com a condensação (quando vapor d'água se transforma em água líquida) e formaram um "campo magnético invisível" - o "Campo (ou Oceano) de Higgs". Tratava-se do QUANTUM (PARTÍCULA) de um dos componentes de um campo de Higgs. Para infinitas partículas, como as partículas transportadoras de força, e para os fótons, que "brilhantemente" se transformam em partículas de luz, um dos maiores desafios para a mente dos cientistas da atualidade e um dos maiores enigmas do universo, seguido de sua "contraparte cósmica", a matéria escura do espaço, assim chamada, não no sentido de espaço profundo como os buracos negros, mas no sentido de desconhecido (*) não fez a menor diferença, mas para outras, fez toda. É o caso dos quarks, de cuja perspectiva esse campo invisível era (e continua sendo) um oceano de óleo denso. E a força que os quarks fazem para atravessar esse óleo denominamos massa. Por isso o bóson de Higgs é chamado de PARTÍCULA FUNDAMENTAL DA MATÉRIA, pois se não fossem os bósons de Higgs a matéria, ou seja, tudo o que tem massa, não existiria. E seríamos algo tão substancioso quanto uma onda magnética. Não havia condições tecnológicas de buscar a possível existência do bóson até meados de 2008, quando entrou em funcionamento o Grande Colisor de Hádrons (LHC).

Em março de 2013, provou-se que a partícula se comportava, interagia e decaía de acordo com as várias formas pressagiadas por um METAMODELO INTELIGENTE, além de provisoriamente provar-se que ela possuía paridade positiva e spin nulo, dois atributos essenciais de um bóson de Higgs, indicando fortemente a existência da partícula. Todas as partículas conhecidas e previstas são divididas em duas classes: férmions (partículas com spin da metade de um número ímpar) e bósons (partículas com spin inteiro). Muitos modelos de supersimetria prediziam que esse bóson (sim há vários tipos de bósons, como os bósons W e Z e os bósons sem massa, denominados "bóson de Nambu-Goldstone", e previsto em teorias propostas em 1960 pelos físicos Yoichiro Nambu e Jeffrey Goldstone.) teria uma massa somente ligeiramente acima dos limites experimentais atuais, contudo a "milagrosa" ou "diabólica" propriedade desta partícula, que ficou mais conhecida como "partícula de Deus" e "partícula divina", sendo comparada ao "SANTO GRAAL DA CIÊNCIA" e considerada nas antigas tradições de sabedoria como a "semente da Ordem", constantemente mitologizada nos estudos herméticos e alquímicos do passado, pela sua característica de MANTER-SE POR SI SÓ ESTÁVEL EM MEIO DO CAOS ABSOLUTO. Mas também já foi chamada de partícula maldita, pela imensa dificuldade de ser encontrada. A importância de descobri-lo foi exposta de maneira brilhante no livro escrito por Léon Lederman em 1993, intitulado "The God Particle: If the Universe is the Answer What is the

Question?" ("A partícula-Deus: se o universo é a resposta, qual é a pergunta?").

Argumentando que o bóson de Higgs é tão crucial para o entendimento do cerne da matéria e, ao mesmo tempo, tão difícil de ser detectado, Lederman decide apelidá-lo de partícula-Deus (e não "partícula de Deus", como comumente se diz). Infelizmente essa brincadeira de Lederman levou às mais descabidas afirmações teológicas sobre o bóson de Higgs. No próprio livro ele escreve que preferia o apelido "the goddamn particle", o que se traduz como "partícula maldita", mas o editor vetou esse título. Como o campo de Higgs é um campo escalar, o bóson de Higgs tem a ROTAÇÃO ZERO, o que significa que um conjunto de bósons de Higgs satisfaz as estatísticas de Bose-Einstein e que esta partícula NÃO TEM NENHUM MOMENTUM ANGULAR INTRÍNSECO, ou seja, QUE ESTÁ DE FATO EM TODO LUGAR O TEMPO TODO.

A partir de qualquer aglutinação dessas partículas reorganizadas começam a aglutinar-se outras, como no CONCEITO DE FIGURAS ARQUETÍPICAS que representavam na tradição grega AS ANTROPOMÓRFICAS (com forma humana) FORMAS PRIMITIVAS, MITOLOGICAMENTE SIMBOLIZADAS NOS DEUSES. A primeira dessas formas, a "ALMA PRIMORDIAL", teria sido a "ALMA DO UNIVERSO", simbolizada na deusa grega Eurínome, A DEUSA DE TUDO, conhecida na Suméria como Iahu Anat, que significa "pomba sublime", ALEGORICAMENTE ANTROPOMORFICADA surgindo nua da escuridão confusa do caos, separando com sua dança os céus e os mares, tal como o deus Shiva Nataraja da tradição hindu enquanto dança, Eurínome apanha com suas mãos o vento do norte e com ele cria Ófion, a serpente gigante que a engravida (qualquer semelhança com o complexo de Édipo pode não ser mera coincidência!) e esta transforma-se numa pomba que bota o "ovo do universo" e a pedido da própria serpente (outra semelhança que pode não ser "mera" coincidência...) subiu em uma ESPIRAL DE SETE VOLTAS em torno do "ovo cósmico", até que ele chocou e se abriu em duas partes, DE ONDE SAÍRAM TODAS AS COISAS, QUE SÃO FILHAS DA DEUSA DE TUDO: todas as estrelas, incluindo o Sol, todos os planetas e seus satélites, incluindo a terra e a lua. E assim, no princípio de tudo, do Caos emerge Gaia, a "Mãe Terra", mãe de Urano, o deus do céu que a fecunda com sua chuva, gerando os rios, os lagos e oceanos e também os primeiros filhos antropomórficos (com forma humana assim como os deuses), gigantes de cem braços, seguidos dos ciclopes, gigantes de um único olho no meio da testa, os GRANDES CONS-

TRUTORES DO PASSADO, cujos descendentes são mencionados por Ulisses na Sicília. A lenda é UM DOS MAIS ANTIGOS MITOS DA CRIAÇÃO existente desde a invenção da escrita. Eurínome foi o PROTÓTIPO DA "DEUSA MÃE CRIADORA" e a mais importante divindade dos pelasgos, o povo que ocupou a região da Grécia em tempos pré-históricos antes da invasão jônica e dórica.

É a MÃE PRIMORDIAL DOS DEUSES e a CRIADORA DO UNIVERSO, que governou com Ófion o Olimpo (do grego HOLOS, que significa "O TODO, A TOTALIDADE"), um palácio acima das nuvens, onde os deuses deliberam sobre o destino do mundo antes dos titãs e dos próprios olimpianos e, portanto, antes da chegada do patriarcado e do reinado dos deuses masculinos e tinha um TEMPLO EM ARCÁDIA, de difícil acesso, que era aberto apenas uma vez por ano, mencionado por Nono em suas Dionisíacas: "Junto ao muro oracular vimos a primeira tabuleta, ANTIGA COMO O INFINITO PASSADO, CONTENDO TODAS AS COISAS EM UMA: sobre ela estava tudo o que Ófion, senhor supremo, havia feito, tudo o que o antigo Cronos conquistou." A primeira geração de deuses gregos foi a dos titãs, composta pelos filhos de Urano (o Céu) e Gaya (a Terra) e governada por Cronos, o Senhor do Tempo, a quem os romanos chamavam de Saturno, derrotado por Zeus armado de relâmpagos fornecidos pelos ciclopes e exilado numa ilha da Itália de onde continua governando o tempo, enquanto Zeus instala-se como "rei dos deuses" no Olimpo. A lenda de Eurínome retrata bem a humanidade no período Paleolítico, QUANDO O ATO SEXUAL AINDA NÃO ERA ASSOCIADO À GRAVIDEZ E AS CULTURAS HUMANAS NÃO TINHAM CONHECIMENTO SOBRE O PAPEL REPRODUTOR DO MACHO. Acreditava-se que as mulheres geravam os bebês por si próprias: eram engravidadas ao serem picadas por abelhas, comerem determinado fruto ou se exporem ao vento norte ou ao orvalho. Em seu mito, Eurínome é o REFLEXO DESSA CRENÇA, pois a partir do vento criou TUDO O QUE EXISTE no mundo. Também nas tradições ancestrais dos mitos Tupi-Guaranis encontra-se Kaká-Werá Jecupé, um iniciado Tapuia, onde O Criador, o Grande Espírito do Universo, cujo coração é um Sol, "tataravô do nosso Sol", soprou seu cachimbo sagrado e de sua fumaça fez a Mãe Terra, onde os sete anciões que navegavam pelos céus numa SERPENTE de fogo depositaram as SEMENTES-DESENHO DE TUDO QUE VIRIA A EXISTIR e assim formaram toda a humanidade, a começar pelo "Adão Tupi-Guarani", Nanderu vuçu, o nosso "pai ancestral", o primeiro humano e guardião da raça, que viria a ser o nosso Sol e depois partiram transformando-se nos sete raios do arco-íris (vale a comparação com o espectro luminoso da luz visível!) e fazendo surgir das águas do Grande Rio da Vida a "Eva Tupi-Guarani", Nanderykei-cy, a nossa "mãe ancestral", que se transformaram no Sol e na Lua. Em todos esses antigos mitos e lendas da Criação Deus é Fogo (Photon estelar), emitindo a LUZ mais pura.

A Teoria M (a Mãe de todas as teorias)

"Em minha juventude, eu considerava o universo como um livro aberto, impresso na linguagem das equações físicas, ao passo que agora ele me parece um texto escrito em tinta invisível, do qual em nossas raros momentos de graça conseguimos decifrar um pequeno fragmento."
Arthur Koestler

Também conhecida como TEORIA DAS CORDAS ou TEORIA MATRIZ, promete unificar num modelo "Superior" todos os modelos conhecidos da Física (incluindo o eletromagnetismo, a energia atômica e a gravidade) e as UNIDADES CONSTITUCIONAIS desses metamodelos, no núcleo dos quarks, são conhecidas como "cordas", ou "fios" oscilatórios lineares, e das infinitas "notas" que essas "cordas primordiais" emitem podem derivar todas as partículas e forças conhecidas no Universo!

Modelo 1, 2, 3 do kosmos

"O fluxo de conhecimento está caminhando em direção a uma realidade não-mecânica; o Universo começa a se parecer mais com UM GRANDE PENSAMENTO do que com UMA GRANDE MÁQUINA. A mente já não parece ser uma intrusa acidental no reino da matéria. Devemos superar isso, e aceitar a conclusão indiscutível: O UNIVERSO É IMATERIAL-MENTAL E ESPIRITUAL." Richard Conn Henry
(Prof. de Física e Astronomia da Univ. Johns Hopkins)

Wilber refere-se a esse modelo como Holônico. Um hólon é um todo que faz parte de outros todos (um átomo inteiro é parte de uma molécula inteira que é parte de uma célula inteira que por sua vez é parte de um organismo inteiro). A própria realidade não é composta nem de todos, nem de partes, mas de todos/partes, ou hólons. Logo, as "entidades fundamentais" de todos os quadrantes (níveis e linhas) são simplesmente hólons e, como evidencia Wilber, Arthur Koostler (filósofo e ativista social, criador do termo

HÓLON) já havia assinalado que uma HIERARQUIA DE CRESCIMENTO é, na verdade, uma "HOLARQUIA", pois é composta de hólons (assim como átomos, moléculas, células e organismos. Wilber ainda evidencia que essa é a razão por que aqueles que negam todas as hierarquias (a única forma de chegar ao holismo), na realidade, possuem somente AMONTOADOS, ao lugar de todos. Dessa maneira, continua Wilber, os 4 Quadrantes podem ser chamados simplesmente de "os 3 Grandes" (o Eu, o Nós, e o Isto), referindo-se às realidades de primeira, segunda e terceira pessoa. Assim, o Quadrante Superior Esquerdo se refere à linguagem do "eu", o Inferior Esquerdo à linguagem do "nós" e os dois quadrantes do lado direito, que são padrões objetivos, se referem à linguagem do "isto" e essas três dimensões podem ser expostas de várias formas: a arte, a ética e a ciência; o belo, o bom e o verdadeiro; o eu, a cultura e a natureza, sempre considerando todas as ONDAS DE EXISTÊNCIA (o corpo, a mente, a alma e espírito), e seus desdobramentos no eu, na cultura e na natureza.

O princípio da incerteza - Ordo ab Chao (Ordem a partir do Caos)

"Somos totalmente incapazes de prever ocorrências individuais inerentes." Margaret Wheatley

No princípio era o Caos (do grego KHAÍNEN, abrir-se, entreabrir, isto é: o abismo, quanticamente falando, a "energia escura" do espaço). A nova e revolucionária ideia expressa nas teorias do "caos" e da "complexidade" afirmam que o Universo físico tem uma tendência inerente para criar ordem, assim como a água que escoa caoticamente pelo ralo da pia de repente se reorganiza num MODELO ESPIRAL, formando um redemoinho. A própria vida biológica é UMA SÉRIE DE ESPIRAIS CRIANDO A CADA VOLTA ORDEM A PARTIR DO CAOS, e essas novas estruturas bem mais organizadas são mantidas por vários processos de seleção, que operam em todos os estágios, desde o físico até o cultural, como se uma "CONSCIÊNCIA MAIOR" DO COSMOS, unificada com a ENERGIA CRIATIVA DA VIDA, organizasse em curvas, não apenas o espaço e o tempo, como teorizou Einstein, mas também os pensamentos, intuições e emoções (que a priori são os próprios pensamentos "carregados" de diversas expressões dessa enigmática energia). O Caos é um estado de movimento em todas as direções, em que todas as partículas desintegram-se e reintegram-se o tempo todo, UM POTENCIAL DE PODER SER TODAS AS COI-

SAS E NÃO SER NADA, o potencial de todo o "devir", um conceito filosófico que qualifica mudança constante e um contínuo de algo ou alguém, assim definido pela primeira vez pelo filósofo Heráclito de Éfeso, que no século VI a.C. disse que nada neste mundo é permanente, exceto a mudança e a transformação. Ao formular esse conceito, Heráclito disse a famosa frase: "Você não pode nadar duas vezes no mesmo rio, pois sobre seu leito vão fluir outras águas".

Para Aristóteles, o devir é apenas uma passagem da potência ao ato que é a perfeição para a qual o devir tende. Segundo Werner Heisenberg, o modo como a natureza funciona dentro de um átomo não segue as leis de Newton. Os fótons (as misteriosas partículas de luz) se alteram de partículas em ondas, os elétrons saltam de órbita em órbita. Existe UMA CAPACIDADE DO UNIVERSO DE SE AUTO-ORGANIZAR EM MEIO AO CAOS. O biólogo Stuart Kauffman (1995) utilizou lâmpadas elétricas para demonstrar a CAPACIDADE AUTORREGULADORA DE TODA MATÉRIA. Em nosso cotidiano, no ambiente de rapidez, variedade e volume de informações que encontramos, tendemos a querer ter controle sobre muitas coisas, mas é bem conhecido que querer não é ter controle do modo como gostaríamos. A tendência de tentar controlar o que é externo, aquilo que não temos como prever, tira nossa energia, acelera nossa mente, e nos deixa oscilando entre passado e futuro. É A PRESSÃO EXTERNA MAIS INTERNA, UM ESTADO QUE NOS SOBRECARREGA E FICAMOS ESTRESSADOS.

No livro "A Arte de fazer Escolhas", do especialista em Neurosemântica Louis Burlamaqui, do Instituto Aletheia, o leitor conseguirá notar "níveis de interferência" e perceber como fazer suas escolhas de forma organizada pode influenciar nos resultados profissionais, consentindo insights de como trazer o controle para dentro de si e entendendo que TUDO SE AUTO-ORGANIZA EM NOSSA VIDA, MESMO QUANDO ACREDITAMOS NO CONTRÁRIO. ESSE É UM PRINCÍPIO DO UNIVERSO E UM PRINCÍPIO QUE PODE E DEVE SER USADO EM NOSSAS VIDAS.

> *"Não pretendemos que as coisas mudem, se sempre fazemos o mesmo. A crise é a melhor bênção que pode ocorrer com as pessoas e países, porque a crise traz progressos. A criatividade nasce da angústia, como o dia nasce da noite escura... É na crise que se aflora o melhor de cada um..." Albert Einstein*

REFERÊNCIAS BIBLIOGRÁFICAS

- ANNANDALE, NSW: Pluto Press, 2003.
- ARGYROUS,G.:STILLWELL, F. Reading in Political economy.
- BERNHOEFT, Renato. Empresa Familiar: sucessão profissionalizada ou sobrevivência comprometida. 2ª ed. São Paulo: Nobel, 1989.
- CAMBRIDGE: Cambridge University press, 2005.
- CAMPBELL, Joseph; HOLME, Bryan; BULFINCH, Thomas, Myths of Greece and Rome, New York, Penguin Books, 1.979.
- CHANG, Há-Joo, Economia: Modo de usar um guia básico dos principais conceitos econômicos / Há-Joon Chang. Editora: Portfolio Penguin - Companhia das Letras, 2015.
- CONN HENRY, Richard; O Universo Mental. Nature 436: 29, 2005.

O Universo Mental"; Nature 436: 29,2005.

- DEANE, P The State and the Economic System: An Introduction to the
- Di Biase, Francisco, O Homem Holístico - A Unidade Mente-Natureza, ed.Vozes.
- DRUCKER, Peter F. Desafios gerências para o século XXI, São Paulo, Pioneira, 1.998.
- D'SPARTA, Príncipe Asklépius. Os sagrados rituais maçônicos das florestas: O verdadeiro ritual Hiram Abif. Editora Madras (p.128).
- FERGUSON, Marilyn. A conspiração aquariana: transformações pessoais e organizacionais nos anos 80. Rio de Janeiro: Record, 1 980.
- HEILBRONER, R. The Worldly Philosophers: The lives, Times, and ideas Of the great Economic thinks. Harmondsworth: Penguin, 1983.
- Mitologia Universal, Volumes 1 e 2, autores diversos, Editora Século Futuro, 1.989.
- Projeto Humanizar: multiplicando sorrisos – uma resposta aos desafios da moderna economia globalizada do IIIº Milênio (Programa de Consultoria e Intervenção Organizacional). Brasília: Escola Superior de Estratégia e Gerência – ESAG, 2 004.
- REINERT, E. How Rich Countries Became Rich, and Why Poor Countries stay Poor. Londres: Constable, 2007
-WILBER, Ken. Uma Teoria de Tudo, São Paulo, Ed. Pensamento/Cultrix/Amana-Key
- Revista: Ciência & Vida – Filosofia Especial

Ano I, nº 3 Editora Escala

- RONGAGLIA, A. The Wealth of Economic Thought.
- ROSA, Jacinto Luiz; A Origem do Universo, Zenith – Revista Maçônica de cultura, Arte e Esoterismo, Grande Loja Arquitetos de Aquário – GLADA, ano 1, no 1, 2.008.
- Site: http://roerich.org.br
- Site: http://goo.gl/eEmm2U
- Site: http://goo.gl/SNgguj. Acessado em 05 de julho de 2015.
-Site: http://www.yurileveratto.com/po/.
-Site: https://portal2013br.wordpress.com
-Site: http://www.fontevida.com.br/consciencia_holografica_91.html
-Site: noeticaconsciencia.blogspot.com/2011_11_01_archive.html

O poder do
Mentoring & Coaching

Lisângela da Silva Antonini

Coaching nas organizações: foco no talento e na disciplina das equipes

Lisângela da Silva Antonini

Pedagoga. Especialista em Pré-escola e Alfabetização (1997) e em Metodologia do Ensino de Filosofia (2001). Mestre em Administração, área de concentração, organizações e competitividade pela UNISINOS (2009). Atua como gerente de Educação e Ação Social no Serviço Social do Comércio, Administração Regional do Estado do Rio Grande do Sul desde 2009.

(51) 9511-5821
lisantonini@gmail.com

> *"Uma organização é um corpo de pensamentos pensados por pensadores." (Karl Weick)*

Por que o Coaching nas Organizações?

Muito se tem falado sobre a utilização da metodologia Coaching nas organizações devido ao alcance de resultados e à mudança de comportamento do líder e equipes aos desafios que se apresentam cotidianamente.

Segundo Shigunov Neto (2006, p. 83), organização é a união de duas ou mais pessoas trabalhando juntas e cooperativamente, com o intuito de alcançar um objetivo comum. Neste sentido, a organização alinhada ao processo de melhoria contínua possibilita o clima que incentive a criatividade e a busca pela resolução de problemas de forma desafiadora e natural.

Partindo deste pressuposto, o Coaching pode ser definido como uma metodologia, um conjunto de conhecimentos e técnicas que visam facilitar e proporcionar a expansão da performance profissional e produtividade pessoal.

A metodologia Coaching pode ser considerada uma arte, uma ciência que possibilita o autoconhecimento das pessoas e o alcance de resultados nas organizações quando aliada à estratégia organizacional.

A possibilidade de desenvolvimento profissional, seja individual ou em equipe, para o cumprimento de metas fortalece a ação do Coaching executivo, pois seu objetivo está ligado diretamente à estratégia organizacional quanto à retenção de talentos-chaves para que os objetivos do planejamento estratégico sejam atendidos.

A arte de desenvolver pessoas para o mundo do trabalho não é recente. Compreender as pessoas como parte da estratégia da organização é um dos desafios das empresas atualmente. Para Mintzberg (2000, p. 196), "a formação de estratégia é um processo de interação social, baseado nas crenças e nas interpretações comuns aos membros de uma organização":

> *"Um indivíduo adquire essas crenças (estratégia) através de um processo de aculturação ou socialização, o qual é em grande parte tácito e não-verbal, embora seja, às vezes, reforçado por uma doutrina mais formal (MINTZBERG, 2000, p. 197)".*

Portanto, desenvolver e capacitar pessoas para o conhecimento da estratégia organizacional favorece a ampliação da visão sistêmica das equipes quanto ao sentido do trabalho em relação ao todo da organização e consolida a atuação dos trabalhadores sob a orientação da missão, visão e princípios cultuados pela empresa (ANTONINI, 2009, p. 27).

Foco, método e disciplina e o Coaching de equipes

O Coaching nas organizações pode ser fortalecido através de uma base alicerçada em um tripé: foco, método e disciplina que se inter-relacionam e se retroalimentam cotidianamente.

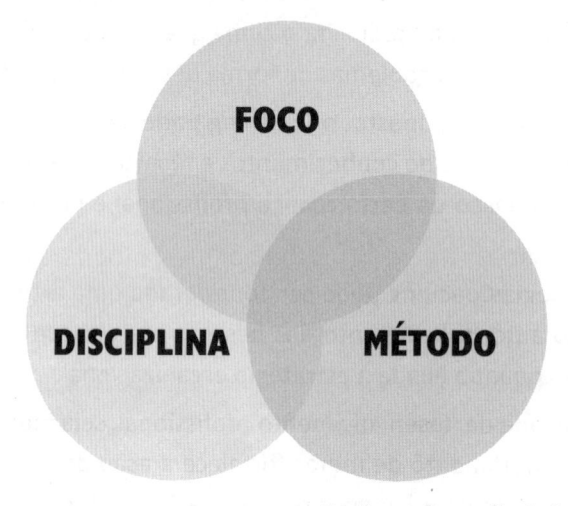

Tripé para formação de Coaching de equipes

Entende-se por **foco**[2] o desejo de conquista, o ponto de chegada, o objetivo em comum. Manter o foco na equipe possibilita a união de propósitos para o alcance do que foi estabelecido. Já o **método**[2] é o como, a forma. São as estratégias, as ações a serem percorridas para o atingimento dos objetivos. A riqueza das possibilidades e formas de realização quando o método é estabelecido com a equipe favorecem o espírito de colaboração, o que fortalece a autoavaliação e as necessidades de correção de rumo, se for o caso, de forma assertiva, pois a equipe compreende sua participação

---
1. Foco: palavra proveniente do latim focus, "lume", "fogo" nos instiga a olhar para um ponto específico, com o propósito de apontar para um ponto de convergência.
2. Método: expressão que vem do grego "methodos", de meta: por, através de; e hodos: caminho (Japiassu & Marcondes, 2006, p. 187).

no processo de construção da trajetória que foi elaborada coletivamente; e a ação da **disciplina**[3] está relacionada ao estabelecimento de um ciclo virtuoso para o fortalecimento do trabalho de equipe, de uma relação mútua de confiança e aprendizado entre Coach[4] e coachees[5] para um constante processo de autoconhecimento e de renovação de propósitos.

Dentro deste contexto, a metodologia Coaching e a Educação Corporativa têm o objetivo de estabelecer conexões entre as estratégias organizacionais e o sentido do trabalho, para o qual as equipes foram estabelecidas.

Para Eboli (2004), a educação pode ser compreendida como uma ação prática, experiência e realidade vivida. Esse mesmo processo, somado à interação social (VYGOTSKY, 1987), proporciona aos trabalhadores maior abrangência de conhecimentos compartilhados, visto que o perfil profissional desejado atualmente é aquele que apresente competências, habilidades e atitudes por meio de ações proativas, com a capacidade de resolver problemas.

Cada vez mais as organizações valorizam profissionais e equipes que auxiliem as organizações a terem uma postura criativa e inovadora e possibilitem novas escolhas e crenças, reposicionando a si próprias e a organização (ANTONINI, 2009, p.36).

A metodologia Coaching atua no foco do autodesenvolvimento profissional e pessoal que contribui para a organização interna da equipe à qual o indivíduo pertence. O coachee, após reflexões sobre suas necessidades e desejos (estado atual), determina metas e ações para as conquistas planejadas (estado desejado) e assim promover seu desenvolvimento contínuo através de um processo[6] de construção do conhecimento ou mudança de comportamento.

De acordo com Withmore (2006), a metodologia Coaching "consiste em liberar o potencial de uma pessoa para incrementar ao máximo o seu desempenho. Consiste em ajudar-lhe a aprender em vez de lhe ensinar". Este processo individual de autoconhecimento e aprendizado é potencializado com os desafios cotidianos nas organizações, seja na implantação de novos projetos, na gestão de equipes, no cumprimento de metas.

---

3 Disciplina: palavra que vem do latim, processo de educação através de conjunto de regras e normas (JAPIASSU & MARCONDES, 2006, p.76).
4 Coach – líder da equipe que proporciona o diálogo reflexivo e impulsionador de mudanças comportamentais do coachee.
5 Coachee – pessoa que participa ativamente do processo de Coaching como protagonista das ações de mudança.
6 Para Japiassu & Marcondes (2006), processo é uma ação de avançar apoiado na atividade reflexiva que tem por objetivo alcançar o conhecimento de algo.

Talento individual

"Os talentos de cada pessoa são permanentes e únicos."
(Buckingham & Clifton)

O Coaching de resultados nas organizações tem o propósito de potencializar os talentos inatos das pessoas. Talento, de acordo com Buckingham & Clifton (2008, p.55), são os padrões naturalmente recorrentes de pensamento, sentimento ou comportamento que possam ser usados produtivamente pelas pessoas.

No cotidiano das organizações, o talento surge como elemento que potencializa uma ideia através de uma contribuição simples, muitas vezes óbvia, que abre portas para a discussão e o aprofundamento das descobertas e das possibilidades de criação e cumprimento de projetos.

Esta obviedade é a característica da visão ampla e do resultado das experiências vividas e das conexões de conhecimento já estabelecidas pelo indivíduo através de seus talentos próprios.

De acordo com Buckingham & Clifton (2008), os talentos individuais destacam-se numa discussão, pois dominam a tomada de decisões cotidiana baseados na reação instintiva, ou seja, o cérebro, neste caso, faz com que as pessoas busquem alternativas através de um caminho de menor resistência e oportunizem conexões rápidas e ágeis.

Neste contexto de descobertas e conexões, a técnica de desenvolvimento dos talentos possibilita:

> (...) quando adultos, a continuar a reforçar as conexões sinápticas existentes (como acontece quando aperfeiçoamos um talento usando técnicas e conhecimento), continuar perdendo um maior número de conexões irrelevante ou desenvolver algumas conexões sinápticas a mais (Buckingham & Clifton, 2008, p. 67).

O poder de conhecer e desenvolver os talentos individuais nas organizações muito pouco tem sido aproveitado. A maior parte das empresas ainda enfatiza a capacitação de colaboradores para apenas corrigir os pontos fracos diagnosticados, ignorando o quanto isso é ineficaz.

A capacidade de aprender do ser humano é inata e é um processo diário. Nascemos com capacidades e talentos que são reconhecidos de forma natural, muitas vezes de forma informal e que podem e devem ser potencializados com técnicas e orientação Coaching.

De acordo com Buckingham & Clifton (2008), para desenvolver um ponto forte é necessário identificar os talentos dominantes e depois refiná-los com conhecimento e técnicas. Este processo de autoconhecimento estrutura a curva da mudança:

> "O talento faz com que as pessoas reajam de uma determinada maneira e imediatamente uma sensação de prazer parece disparar pelo cérebro. Com os sinais fluindo livremente de um lado para outro, é como se a linha estivesse reverberando, zumbindo. Essa é a sensação de usar um talento" (Buckingham & Clifton, 2008, p. 69).

Na relação com a metodologia Coaching, o desenvolvimento de talentos está interligado à compreensão do estado atual que possibilitará a alavanca para o estado desejado. Técnicas como a avaliação de desempenho, feedback cotidiano, acompanhamento do gestor e participação em grupos são exemplos de exercícios diários que auxiliam na definição dos procedimentos das atividades e na tomada de consciência do indivíduo para que possa colocar em prática o próprio talento e aperfeiçoar o trabalho.

Liderança Coaching

As organizações demonstram interesse crescente em educar seus líderes a estarem atentos ao desenvolvimento de suas equipes e a buscar o melhor do seu time. A intenção de produzir uma cultura mais aberta ao tema, desenvolvendo os líderes com habilidades Coaching, tem possibilitado uma mudança significativa nas organizações quanto ao papel do líder.

Na cultura organizacional, os líderes são Coachs de seus subordinados diretos, seja para gestão do desempenho ou para um tema específico e para tanto necessitam exercitar várias competências, dentre elas colocar-se no lugar do outro.

De acordo com Jennings (2013, p.67), um padrão reconhecido para selecionar abordagens de desenvolvimento de lideranças é seguir a diretriz 70/20/10, sugerida pelo Center for Creative Leadership (CCL) que afirma que 70% da aprendizagem de um líder vêm de experiência real no trabalho; 20% é aprendizagem no campo ou no trabalho, dentre elas o Coaching e o Mentoring e 10% vem de educação formal e treinamento.

A melhor forma de exercer a liderança Coaching é através da forma de atuação. Para tanto a disciplina do líder deve ser inspiradora, pois é ele quem toma em suas mãos a condução dos objetivos organizacionais.

Para Novack (2014), o líder deve ter a consciência de sua responsabilidade e agir com o propósito de possibilitar ações e ambiente instigador que libere o poder existente nas pessoas que compõem a equipe. Para o autor, o incentivo para que as pessoas possam contribuir estimula uma energia positiva que se retroalimenta, pois quanto mais sabem mais contribuem, mais dão resultados para as organizações.

De acordo com Katzenbach & Smith (2001), em seus estudos sobre desenvolvimento de equipes, a disciplina do líder está relacionada à forma como direciona sua equipe e às competências de liderança, inerentes a sua função:

Disciplina do Líder	Competências do Líder
Toma e comunica as decisões ao grupo.	Capacidade de pensar sistemicamente e saber como liderar sistemas.
Define metas de desempenho e estabelece responsabilidades individuais.	Compreensão das pessoas e do porquê de se comportarem como o fazem.
Determina o ritmo e a abordagem de trabalho.	Dotar a organização de visão, significado, direcionamento e foco.
Avalia os resultados.	Capacidade de compreender a variabilidade do trabalho em termos de planejamento e solução de problemas.
Define parâmetros e padrões.	Compreensão de como aprendemos, desenvolvemos e melhoramos e de como liderar para a verdadeira aprendizagem e melhoria.
Mantém controle sobre as atividades do grupo esclarecendo a responsabilidade individual, e enfatiza o gerenciamento de consequência.	Compreensão da interdependência e da interação entre sistemas, variação, aprendizagem e do comportamento humano. Saber como cada integrante da equipe afeta aos demais.

Disciplina e Competência do Líder Único. Fonte: KATZENBACH, J. R. & SMITH, D. K. Equipes de Alta Performance: conceitos, princípios e técnicas para potencializar o desempenho das equipes. Rio de Janeiro: Editora Campus Ltda., 2001.

O entendimento da atuação como líder promotor do espaço de aprendizagem cotidiana nas equipes fortalece a relação do tripé foco, método e disciplina na busca incansável do talento individual e, consequentemente, da equipe. O conhecimento das potencialidades norteará as estratégias futuras de aperfeiçoamento contínuo.

O Líder Transformacional nas organizações

"Transformando o observador, abriremos possibilidades para gerar novas respostas onde antes não era possível. É a isso que chamamos aprendizagem transformacional." (Leonardo Wolk)

O líder Coach tem um caráter de transformação social nas equipes. Seu carisma, postura aberta, atenta e educativa proporciona um ambiente de desenvolvimento contínuo e diálogo reflexivo para potencializar talentos.

A Liderança Transformacional (Burns, 1978; Bass, 1985) consiste na atuação atenta, individualizada e no incentivo intelectual das equipes. O líder com este perfil inspira a equipe com uma visão compartilhada e agregadora de valor profissional e institucional.

O líder transformacional objetiva o desenvolvimento de seus liderados com técnicas de estudo, delegação de poder de decisão, autonomia e participação da equipe na gestão da organização. Ele apresenta quatro características peculiares:

✓ **Influência e idealização:** possui carisma, admiração, respeito e confiança. Incentiva todos para o desenvolvimento de visão e sentido de missão.

✓ **Inspiração e motivação:** o líder caracteriza-se por ser otimista, lança desafios com o objetivo de proporcionar um futuro a cada membro da equipe.

✓ **Estimulação Intelectual:** encoraja a equipe a buscar soluções criativas e inovadoras. Promove a inteligência e a construção do conhecimento.

✓ **Desenvolvimento individualizado:** utiliza ferramentas como o Mentoring [7] e o Coaching para que cada membro da equipe consiga atingir suas metas. Individualmente, os participantes são orientados, estimulados e desenvolvidos para atingirem seus melhores níveis de eficiência operacional ou estratégica.

---
7 O mentoring é uma ferramenta de desenvolvimento profissional que consiste em uma pessoa experiente ajudar outra menos experiente através de apadrinhamento, mentoria.

Na liderança transformacional o comprometimento do líder é de longo prazo. O foco é no feedback cotidiano para que proporcione o autoconhecimento de cada integrante e assim sejam incentivados a apresentarem todo o talento e o potencial que possuem.

Neste processo de acompanhamento e desenvolvimento, o líder Coach, conforme UNDERHILL (2010), utiliza atividades Coaching, conforme descrição a seguir:

- **Plano de ação para atingir os objetivos**: prazos, recursos necessários, barreiras que podem impedir o progresso, meios de vencê-las, medidas para avaliar a melhoria e estabelecimento dos principais interessados a serem envolvidos.
- **Ensaio/prática de comportamento:** encenação de comportamentos específicos desejados, durante a sessão Coaching. Favorece o melhor entendimento das circunstâncias e uma atitude e tomada de decisão mais seguras.
- **Follow-up com principais interessados:** manter contato individual com os interessados dentro do escopo estabelecido pelo líder. O líder resume o que está desenvolvendo e pede sugestões para melhorar nessas áreas.
- **Aprendizagem por observação:** método no qual o Coach atua como observador em suas atividades diárias para posterior feedback.
- **Medidas diárias:** registro diário de ações que estejam ligadas ao plano de ação estabelecido. Objetivo é avaliar a melhoria dos propósitos.

A experiência dos líderes de receber Coaching proporciona momentos de vivências para as equipes, pois através do exemplo e do sentido do método o líder Coaching dissemina seu aprendizado. A única certeza que há, neste processo de desenvolvimento, é que é contínuo e sem fim.

A arte do líder Coach, neste sentido, é ser capaz de elevar o gosto pelo aprendizado cotidiano e pelo sentimento de maravilhar-se pelas coisas que estão ao redor nas organizações e nas relações humanas:

> *"Gerar contextos de aprendizagem nos quais seja possível o surgimento de observadores diferentes. Contextos de confiança, respeito, confiabilidade que possibilitem questionar-se e questionar as formas de pensamento e comunicação" (Wolk, 2008, p. 37).*

A disciplina e a potência das equipes

"Somos o que fazemos repetidamente. Excelência, portanto, não é um ato, é um hábito." (Aristóteles)

O sentido moderno de equipe, "um grupo de pessoas atuando juntas", surgiu no século XVI (Peter Senge, 2000, p. 332). A expressão inglesa "TEAM", ou seja, time/equipe, inclui um sentido de "trabalhar em conjunto".

Uma das principais características de uma equipe que está em constante aprendizado é o diálogo. Para tanto, como afirma Senge (2000), "as equipes precisam implantar suas próprias regras básicas de conversação." Estas regras incluem compromissos de falar a verdade, maturidade para ouvir e agir, tolerância, tempo para compartilhar anseios e vitórias, tomadas de decisão e transgressões, a fim de tornar cíclico o conceito de aprendizado da equipe.

A capacidade de autogerência torna o Coaching de equipes fortalecido e promove novas formas de ver e agir dos participantes com o foco estabelecido no seu propósito inicial.

Para Katzenbach & Smith (2001), a verdadeira equipe é considerada um pequeno número de pessoas com habilidades complementares, comprometidas com um objetivo, metas de desempenho e abordagem em comum, pelas quais elas se responsabilizam mutuamente.

Na obra Equipes de Alta Performance, a disciplina das equipes, os autores afirmam que duas disciplinas são fundamentais para a concretização dos resultados organizacionais: a de equipe e a do líder único.

"A disciplina de equipe assegura ampla versatilidade e poder coletivo, quando empregado para enfrentar um desafio (...) e a disciplina do líder único, geralmente após consultar o grupo, define o propósito e o motivo baseado em desempenho para o trabalho em grupo, toma as decisões, determina as contribuições individuais necessárias e o padrão de comunicação (...)". Katzenbach & Smith (2001, p. 22).

O que se deseja, nas organizações, é a capacidade de diálogo, integração e autoconhecimento das equipes. O hábito ou a disciplina de realizar com eficiência a parte que compreende como de sua responsabilidade torna o desafio de conquista do foco de forma precisa e assertiva, conforme destacado nos fundamentos dos grupos eficazes na figura acima.

A teoria do diálogo como processo reflexivo de aprendizado (Senge, 2000) tem o objetivo de criar cenários que possibilitem tomadas de consciência coletiva através de mecanismos naturais que desenvolvam o sentido de não fragmentação do pensamento e dos ideais promovidos pelas equipes.

Para Katzenbach & Smith (2001), as equipes passam por processos de aprendizado após sua constituição que podem ser assim caracterizados:

✓ **Pseudoequipe:** o grupo pode definir um trabalho a se fazer, mas não se preocupa com o desempenho coletivo, nem tenta conseguir.

✓ **Grupo de trabalho:** os membros não vêem nenhuma razão para se transformarem numa equipe. Podem partilhar informações, porém, responsabilidades, objetivos, por exemplo, pertencem a cada indivíduo.

✓ **Equipe potencial:** este grupo quer produzir um trabalho conjunto. No entanto, os membros precisam de esclarecimentos e orientações sobre sua finalidade e objetivos.

✓ **Equipe real:** uma equipe real compõe-se de poucas pessoas, mas com habilidades complementares e comprometidas umas com as outras através de missão e objetivos comuns.

✓ **Equipe de alta performance:** este grupo atende a todos as condições de equipe real e tem um comprometimento profundo entre seus membros com o intuito de crescimento de cada um.

Neste contexto, as estratégias de desenvolvimento Coaching possuem um peso expressivo para que o autoconhecimento do grupo e de cada indivíduo possa se destacar. Essa abordagem expande o conceito de Coaching, criando uma atmosfera muito positiva de "estamos todos juntos nisto", encorajando o grupo a ajudar-se mutuamente (UNDERHILL, 2010, p.209).

> *"Enquanto a estratégia de desenvolvimento de lideranças identifica como desenvolver líderes, a abordagem de gestão de talentos define quem deve ser estimulado e quando. O Coaching pode ser um forte apoio a ambos, o quem e o como da conexão entre desenvolvimento de lideranças e as estratégias e metas da organização. Sem essa conexão, o Coaching pode se tornar uma fortuita intervenção de tentativa e erro, com baixa probabilidade de maximizar benefícios"* (UNDERHILL, 2010, p.65).

No processo de construção da sinergia da equipe, os participantes começam a posicionar-se de forma a contribuírem para o todo da organização.

É nesse autoconhecimento do grupo que os líderes são desenvolvidos e as decisões são tomadas. A disciplina do grupo é construída através da responsabilidade e do entendimento do impacto das decisões.

Quanto mais os resultados são concretizados, os participantes da equipe definem padrões elevados de objetivos, pois começam a ter consciência do talento e do potencial que possuem. As correções de rota também são avaliadas e prontamente revisadas, pois a maturidade do erro como ponte de aprendizado torna-se concreta, consideram-se mutuamente responsáveis.

Considerações finais

Coaching é um processo aberto e de muita responsabilidade. Necessita rever posicionamentos e julgamentos. É um processo de aprendizado que instiga a sermos protagonistas com o poder de mudança e decisões em nossas mãos.

Conforme afirma Wolk (2006), "é aprender a dar explicações em primeira pessoa". É um convite diário para mudança de comportamento e de modelo mental.

Nas organizações, assim como individualmente, os desafios de atuar com propriedade é cotidiano. Saber relaciona-se com os pares ou com equipes de uma forma geral exige de cada profissional o autoconhecimento e o entendimento do outro. Conforme Underhill (2010), em geral, as organizações tem conseguido integrar o Coaching no desenvolvimento de liderança, mas muito pouco na gestão de talentos.

Este gap de política de desenvolvimento corporativo, observando a necessidade de desenvolver e reter talentos, é o próximo passo para garantir a eficácia nas organizações.

O processo de Coaching está inserido como elemento essencial para a aprendizagem organizacional, fortalecendo as políticas de desenvolvimento individual e corporativo. Entretanto, observa-se que muitas organizações não têm medido o impacto do Coaching para assegurar a estratégia organizacional ficando muitas vezes no campo da capacitação profissional.

Transformar líderes organizacionais em líderes Coachs com qualificação para captar, reter e desenvolver talentos, ajudando a fortalecer as políticas de gestão de pessoas bem como o cumprimento das metas organizacionais é um grande desafio possível.

Incentivar os líderes Coachs a progredir nos estudos, oferecer ferramentas e certificações adicionais, conhecer suas equipes pode criar uma sinergia de crescimento conjunto que favorece a cultura organizacional. Dar sentido ao trabalho e à vida. Este é o norte para a implementação de equipes de alta performance.

BIBLIOGRAFIA

ANTONINI, Lisângela da Silva. Desafios enfrentados por pequenas e médias empresas do setor de software nos processos de educação corporativa: um estudo exploratório. Dissertação de Mestrado. Universidade do Vale do Rio dos Sinos. Programa de Pós-graduação em Administração, 2009.

BUCKINGHAM, Marcus & Clifton, Donald O. Descubra seus Pontos Fortes. Rio de Janeiro: Sextante, 2008.

CORPORATE COACH U INTERNACIONAL. Conversas Essenciais. CoachWorks Internacional, Dallas, Texas, USA, 2010.

CORPORATE COACH U INTERNACIONAL. The Coaching Clinic. Habilidades Estratégicas de Coaching Corporativo para Gestores, Líderes e Coaches. CoachWorks Internacional, Dallas, Texas, USA, 2007.

EBOLI, Marisa. Educação Corporativa no Brasil: mitos e verdades. São Paulo: Gente, 2004.

Guerra, Catarina C. R. Liderança Transformacional, Clima e Compromisso Organizacional. Dissertação de Mestrado. ISPA (documento disponível em http://repositorio.ispa.pt/bitstream/10400.12/2289/1/14942.pdf acesso em 07/09/2015)

INSTITUTO HOLOS DE QUALIDADE. Formação e Certificação Coaching, Mentoring e Holomentoring ISOR. Sistema ISOR, Florianópolis, SC, 2011.

JAPIASSU, Hilton & MARCONDES, Danilo. Dicionário Básico de Filosofia. 4ª ed. Rio de Janeiro: Jorge Zahar Ed., 2006.

KATZENBACH, J. R.; SMITH, D. K. A Força e o Poder das Equipes. São Paulo: Makron, 1994.

KATZENBACH, J. R. & SMITH, D. K. Equipes de Alta Performance: conceitos, princípios e técnicas para potencializar o desempenho das equipes. Rio de Janeiro: Editora Campus Ltda., 2001.

MINTZBERG, Henry. Safári de estratégia: um roteiro pela selva do planejamento estratégico. Porto Alegre: Bookman, 2000.

NOVAK, David. Levando as pessoas com você: a única maneira de fazer grandes coisas acontecerem. São Paulo: HSM Editora, 2014.

SANDBERG, Jörgen. Understanding human competence at work: an interpretative approach. The Academy of Management. V 43, n.1, p. 9-25, fev 2000.

SENGE, Peter M. et al. A quinta disciplina – caderno de campo: estratégias para construir uma organização que aprende. Rio de Janeiro: Qualitymark, 1994.

VYGOTSKY, Lev. A formação social da mente. São Paulo: Martins Fontes, 1987.

SHIGUNOV NETO, Alexandre; DENCKER, Ada de Freitas M.; e CAMPOS, Letícia Mirella Fischer. Dicionário de Administração e Turismo. Rio de Janeiro: Editora Ciência Moderna Ltda., 2006.

UNDERHILL, Brian e at al. Coaching Executivo para Resultados: guia definitivo para o desenvolvimento de líderes organizacionais. Osasco, SP: Novo Século Editora, 2010.

WHITMORE, John. Coaching para performance: aprimorando pessoas, desempenho e resultados. Rio de Janeiro: Qualitymark, 2006.

O poder do
Mentoring
&
Coaching

Lúcia Helena Perez

Autoconhecimento: sejamos cocriadores das nossas realidades

Lúcia Helena Perez

Graduada em Biologia pela UNESP São José do Rio Preto/SP em 1973. Professora de Biologia por dez anos. Atuou no SEBRAE/SP como consultora e facilitadora da aprendizagem por oito anos. Psicopedagoga. Pós-graduada em fitoterapia, rekiana e yogue. Participou da administração pública na Prefeitura da Estância Hidromineral de Ibirá, capitaneando projetos de empreendedorismo. Formação em Mentoring & Coaching Holo-Sistêmico ISOR. Atualmente exerce a atividade de Coach/Mentor.

luciaperez1952@gmail.com
empreendedorismoehumanismo.wordpress.com

Mentoring & Coaching são metodologias que estimulam o despertar do nosso potencial interior fazendo com que competências, valores, habilidades, dons e talentos sejam identificados e reconhecidos.

Nestes processos, sabotadores podem vir à tona, sem que nos apercebamos, nos impedindo de agir e consequentemente de atingirmos muitos dos nossos objetivos.

São crenças limitantes que afetam nossa autoestima, nos levando ao medo, à insegurança e à procrastinação.

Quando nos tornamos observadores de nós mesmos, colocando atenção nos nossos pensamentos, sentimentos e ações, conseguimos identificar o que está por trás destes sabotadores e isto contribuirá para o autodesenvolvimento e a melhoria da nossa performance pessoal e profissional.

Neste incitar reflexivo com nosso Eu interior é que encontraremos nossa verdadeira essência, nossa potencialidade pura, que alinhadas às forças da natureza, às leis universais e à definição do nosso propósito de vida, nos levará ao estado desejado, que é possível graças ao uso de uma ferramenta poderosa, o autoconhecimento.

Por que quanto mais sabemos da nossa natureza físico-química, menos compreendemos quem somos?

Por que a maioria das pessoas se sente insatisfeita com a carreira, com os negócios e no trabalho?

Por que estamos infelizes nos relacionamentos?

Por que estamos insatisfeitos com nossos resultados financeiros?

O que nos impede de compreender estas questões?

Acreditemos ou não, é por causa da falta de autoconhecimento.

Observar, questionar, investigar, reconhecer, diagnosticar e planejar novos caminhos com objetivos e metas claras nos conduzirá com certeza a uma vida de leveza, coerência, aceitação, abundância, bem aventuranças, paz de espírito e atitude prestadia diante da humanidade.

O autoconhecimento norteia a busca do autodesenvolvimento, de melhores resultados, das mudanças de paradigmas e das transformações que queremos ver em nossas vidas.

Bloqueios, crenças limitantes, inseguranças e medos que nos travam, impedindo a realização dos nossos sonhos, podem ser superados quando mergulhamos em nossas profundezas.

É uma missão audaz, muitas vezes dolorosa, mas que transforma, gratifica, ilumina e nos conecta uns com os outros e com a Consciência Cósmica.

"Não há despertar de consciência sem dor. As pessoas farão de tudo, chegando aos limites do absurdo para evitar enfrentar a sua própria alma. Ninguém se torna iluminado por imaginar figuras de luz, mas sim por tornar consciente a escuridão." Carl Gustav Jung

A maioria de nós acredita nos fatores externos como responsáveis pelas nossas dores, tristezas, ausência de prosperidade e infelicidade. Sentimo-nos vítimas e injustiçados pela vida.

Urge que reconheçamos em nós a verdadeira essência, mapeando nossos comportamentos e sentimentos, reconhecendo nossos talentos, nossas habilidades, identificando nossas crenças limitantes, nossos sabotadores e, acima de tudo, nos apropriando do poder que existe em cada um de nós.

A orientação, o treino e a autossugestão aliados ao desejo de mudarmos nossa visão de mundo com base no autoconhecimento são canais que com certeza nos levarão às transformações que queremos ver em nós e se refletirão no mundo, assim nos tornaremos cocriadores das nossas realidades.

Cada um de nós tem uma história, sonhamos, planejamos, cultivamos desejos e anseios, buscamos suprir nossas necessidades, realizamos projetos, sentindo dores e paixões que nos levam a um relacionamento reflexivo, de nós pra nós mesmos e aos relacionamentos com os outros, os quais podem ser agradáveis ou desagradáveis.

O fato é que são inevitáveis e muitas vezes nos incomodam, provocando um desalinhamento, uma falta de sintonia entre o que pensamos ser e o que realmente somos ou fazemos.

Nossos corpos físico, mental, espiritual e energético são canais que nos conduzem à apropriação do poder que existe dentro de nós e nos autoriza a sermos cocriadores das nossas realidades.

Embora sejamos únicos, temos pensamentos, ideias, emoções, sentimentos e comportamentos que seguem determinados padrões mentais e irão determinar nossas escolhas e consequentemente nossos destinos.

Nossos pensamentos, palavras e sentimentos são energias que se movimentam e tudo que emanamos para o Universo ele nos devolve.

O resultado do autoconhecimento é a pessoa incrível em que nos transformamos.

Viver em sintonia com as leis universais, com serenidade, resiliência, alegria, gratos, compreendendo que somos todos um, passa a ter um ressignificado, um novo olhar e uma nova visão.

É possível reconhecermos a falta de autoconhecimento em nós e existem indícios que sinalizam este estado. Pessoas resistentes às mudanças, autopiedosas, negativistas, que se fazem de vítima, que terceirizam as culpas, que se sentem perfeitas, sem humildade, que se ofendem facilmente e não aceitam críticas, não gostam do silêncio, são alguns dos sintomas.

Devemos nos observar, prestar mais atenção aos nossos pensamentos, comportamentos, nossos sabotadores, nos nossos julgamentos, nas nossas sombras e nos nossos sentimentos. Isto nos levará a nos identificarmos ou não com os "sintomas" mencionados acima.

Acreditem, chegou o momentum de estudarmos uma das artes mais difíceis da vida, estudar a nós mesmos.

Jamais seremos os mesmos depois de iniciado o processo do autoconhecimento, como disse Albert Einstein: "A mente que se abre a uma nova ideia jamais voltará ao seu tamanho original".

Necessário se faz uma sequência de tomadas de decisões, observações, questionamentos, análises e reconhecimentos para que tenhamos um diagnóstico como ponto de partida.

A busca de conhecimentos vai alavancar o processo, é preciso estudar, tornar-se um observador, um buscador.

No início tudo parece muito nebuloso, desconexo, confuso, mas depois de realizado o diagnóstico com base nas perguntas norteadoras, entendendo a visão cíclica dos acontecimentos e vivenciando as leis universais, tudo vai clareando, nos sensibilizando, levando à internalização e nos abrindo caminhos maravilhosos para serem percorridos, livremente, amorosamente, decididamente, silenciosamente, com a certeza de estarmos no rumo certo.

Uma maneira simples de se iniciar o processo é pela aplicação das perguntas norteadoras:

- Quem sou eu?
- Como está minha vida agora?
- Quais são meus sonhos?
- O que me traz sofrimento, tristezas, angústias e insucessos?
- Como está minha autoestima?
- O que mudar? Por que mudar?
- Qual meu propósito de vida?
- Conheço minhas competências, habilidades e talentos?
- Quais são meus valores?
- Por que faço o que faço?

"Perguntas de alto nível criam uma vida de alto nível. Pessoas bem-sucedidas fazem melhores perguntas e, como resultado, obtêm melhores respostas." Anthony Robins

Outro aspecto que também nos norteia nesta busca é a proposta de reflexão sobre nossa vida no planeta Terra, sobre a imensidão do cosmo, sobre o tamanho dos objetos que flutuam no Universo, sobre a Via Láctea, com suas mais de 100 bilhões de estrelas, entre elas o Sol. É importante reconhecermos nossa insignificância nesta imensidão.

Paradoxalmente, quando entramos no microcosmo dos nossos corpos e reconhecemos a máquina maravilhosa que somos, as coisas que podemos produzir e todo poder que emana dos nossos seres, nos deslumbramos, ficamos fascinados e isto nos empodera.

Conhecermos e experenciarmos as leis universais, as novas descobertas da mecânica quântica, nossa natureza biológica e energética, nossa alma, é um bom começo para reconhecermos nossa pequenez cósmica e ao mesmo tempo nossa grandiosidade, nossos poderes, como o da imaginação, do pensamento, dos sentimentos, da livre escolha, entre outros, oriundos do sopro divino no momento da concepção.

Outro aspecto de crucial importância é o reconhecimento dos nossos talentos, habilidades, capacidades e competências, nossas fortalezas e pontos fracos. O que gostamos de fazer? O que fazemos e nem sentimos o tempo passar? O que as pessoas elogiam em nós? É importante anotarmos tudo, à medida que vamos nos investigando.

Foco, coragem, comprometimento, fé, vibrações de alta frequência, gratidão, apreciação, auto-observação constante e uso de práticas para alavancar o processo são ingredientes básicos, lembrando sempre que a felicidade é um estado de alegria e estamos em busca da nossa plenitude.

Nos momentos de percepção e reconhecimento de crenças e valores, faça uma lista de crenças que você considera fortalecedoras (dignidade, generosidade, amor à natureza...) e das crenças limitantes (é muito difícil guardar dinheiro, a vida é um sofrer, eu não consigo perder peso...), daí então parta para a substituição das crenças limitantes para crenças fortalecedoras.

É fundamental que nestas reflexões percebamos as emoções e os sentimentos, os pensamentos gerados por eles, porque serão os mesmos que vão gerir toda esta dinâmica, que nos levará ao encontro do nosso verdadeiro Eu. Não resista, sinta apenas, deixe a energia fluir, pois o que você resiste, persiste.

Prestemos atenção na nossa respiração, que muda nos diferentes estados emocionais (na ansiedade e no estresse a respiração é mais rápida e curta) e outros sintomas que possam surgir no nosso corpo biológico.

Tudo isto vai ocorrendo de maneira concomitante e sincronizada, pequenas atitudes no dia a dia já começam a fazer a diferença, nos levando à aceitação dos fatos que se manifestam, evidenciando as mudanças que almejamos e já podemos sentir a internalização. Estabeleça pequenas ações todos os dias.

Embora seja nossa mente consciente que elabora as perguntas, é nosso coração, nossa intuição que nos darão pistas, por meio das emoções, as quais nos conduzirão às respostas que buscamos.

Compreendermos e vivenciarmos as leis universais são um grande avanço na busca do autoconhecimento, pois elas servem como orientadoras no nosso crescimento mental, emocional e espiritual.

As leis universais são inter-relacionadas e estão fundamentadas no entendimento de que no Universo tudo é energia, inclusive nossos pensamentos, sentimentos, palavras e ações, sendo os responsáveis pela nossa visão de mundo.

Semelhante atrai semelhante, nada é definitivo, atraímos o que vibramos, vivemos no mundo de infinitas possibilidades, todos temos um propósito de vida, colhemos o que semeamos, nossas escolhas determinam nossos destinos, a vida é um espelho, quanto mais damos mais recebemos, nada acontece por acaso, são algumas afirmações que já devemos ter ouvido.

Nestas afirmações estão contidas as leis universais como a Lei da ação e reação, Lei da impermanência, Lei da atração, Lei do livre arbítrio, Lei da gratidão, Lei da ordem universal, Lei da abundância, Lei do propósito, Lei da harmonia, entre outras. Estas leis regem o Universo e a natureza material e espiritual dos seres vivos, por meio das nossas condutas.

Existem algumas práticas que aceleram o autoconhecimento, como a meditação, a yoga, o silêncio, reiki, Coaching/Mentoring, ho'oponopono, constelações familiares, tethahealing, viver o aqui e agora, autossugestão, Programação Neurolinguística, artes marciais, EFT (Emotion FreedonTecniques), TFT (Thought Field Therapy), grupos de discussão nas redes sociais ou formação de grupos na sua cidade.

Busquemos informações sobre estas práticas, a internet disponibiliza muito material e cursos sobre os temas mencionados.

Estudemos os princípios da mecânica quântica, aprendamos como o Universo funciona, contemplemos mais a natureza, fiquemos mais tempo em silêncio, pratiquemos o perdão, vivenciemos o aqui e agora, a aceitação, a apreciação e a gratidão. Estas atitudes devem ser constantes nesta dinâmica, experimente!

Busquemos a ajuda de um Coach&Mentor caso tenhamos dificuldade nesta caminhada.

Compreendamos que somos protagonistas das nossas histórias, cocriadores das nossas realidades, coloquemos como prioridade a busca do autoconhecimento e encontraremos "dentro de nós algo que sabe mais do que nós" (Rochelle Myers).

Somos nós os responsáveis pela construção de nossas imagens, idealizamos nosso Eu, acreditamos no que somos e no que não somos com base nas nossas crenças.

Buscadores, vamos nos desafiar a empreendermos a nós mesmos, antes de gerenciarmos nossas carreiras ou nossos negócios e sermos os gestores das nossas vidas?

Vamos nos libertar das grades mentais que nos aprisionam?

Vamos resgatar nossa luz?

Vamos espalhar amor e vivermos nossa essência?

Vamos silenciar mais e servir com prestadia?

Nosso maior inimigo está dentro de nós. Nelson Mandela sabiamente disse: "É nossa luz e não nossa escuridão que nos amedronta".

Nosso Universo se revela com infinitas possibilidades.

Celebremos nosso autoconhecimento com muita luz e sejamos felizes, sempre.

Esta é nossa missão, pois somos portadores da centelha divina e nosso objetivo maior é a felicidade.

O poder do
Mentoring & Coaching

Marco Túlio Costa

PNL aplicada ao Coaching e ao Mentoring: o processo de mudança

Marco Túlio Costa

Mestre em Administração pela Fead Minas, MBA em Gestão Comercial pela Fundação Getúlio Vargas, MBA Americano pela Ohio University, trainer em Liderança, Comportamento Humano e Comunicação Eficaz pela Carnegie University nos EUA, Coach pela International Community Coaching, Master Coach e Mentor com certificação internacional reconhecida pela International Coaching Federation, master em Programação Neurolinguística pela The Society of NLP, formação em hipnose clássica e ericksoniana reconhecida pela ABECE, engenheiro pelo Centro Federal de Educação Tecnológica de Minas Gerais. Sua experiência profissional inclui o cargo de diretor de Vendas e Marketing da Serta Transformadores, gerente de vendas da Nansen Instrumentos de Precisão, gerente de obras no exterior pela Asea Brown Boveri, gerente de RH em obras, engenheiro e supervisor de Qualidade na Toshiba do Brasil S.A. Já atuou na coordenação de equipes em nível nacional e internacional, com grande experiência em negociações internacionais. Atualmente, atua como Coach, professor, palestrante e coordenador de programas de pós-graduação, formação em Coaching e em PNL, também prestando serviços de consultoria e treinamentos em diversas empresas em todo o território nacional. É professor da Fundação Getúlio Vargas nas áreas de Empreendedorismo, Programação Neurolinguística, Gestão de Pessoas, Liderança, Comunicação, Negociação e Estratégia de Empresas.

(31) 8269-7070 / www.marcotuliocosta.com.br / www.inemp.emp.br

Quando abordamos o Coaching e o Mentoring, falamos de um processo de mudança para um profissional de alta performance. Ser um profissional de alta performance envolve lidar bem com processos + pessoas e estar expandindo sua zona de conforto a todo o momento. O Coaching está mais ligado a processos de gestão e resultados e o Mentoring mais ligado à liderança (pessoas). Se o Coaching é um processo de orientação direta ligado a determinada meta, o Mentoring trabalha o desenvolvimento do imenso potencial de cada pessoa.

Estamos falando de um processo de mudança através do Coaching e do Mentoring e a pergunta é: "Como a Programação Neurolinguística pode ajudar neste processo de mudança?"

A Programação Neurolinguística, mais conhecida como PNL, surgiu na década de 70, tendo como precursores Richard Bandler e John Grinder.

Bandler estudava matemática na universidade da Califórnia em Santa Cruz, porém, dedicava a maior parte do tempo a estudar computação. Mais tarde resolveu estudar psicologia, inspirado por um amigo de família que conhecia vários terapeutas em destaque na época. Ele descobriu, após acompanhar mais detalhadamente o trabalho de alguns destes terapeutas, que copiando e reproduzindo seus padrões de comportamento era possível conseguir resultados positivos mesmo sem possuir uma qualificação como terapeuta. Também foi constatado que a mudança poderia ser gerada de forma rápida.

Grinder era professor de linguística e seu interesse em psicologia estava alinhado com o pressuposto básico da sua área de atuação: o de revelar o caminho oculto percorrido entre o pensamento e a ação.

Ambos tinham conhecimento em psicologia, linguística, neurologia, dentre outros assuntos relacionados ao comportamento humano. Bandler com seu conhecimento em computação e experiência em modelar padrões de comportamento e Grinder com suas habilidades linguísticas.

Decidiram fazer uma parceria para desenvolver um modelo de linguagem que pudesse resultar em mudanças. Há quem diga que John Grinder e Richard Bandler, fundadores da PNL, isolaram-se em uma cabana nas montanhas da Califórnia e fizeram-se a seguinte pergunta: "Como devemos chamar esse trabalho?" John Grinder é linguista. Richard Bandler, na época, era programador e matemático. Os dois vinham estudando o funcionamento da mente. Consequentemente, pensaram no nome Programação Neurolinguística, uma integração de todos esses elementos.

Dentre as várias definições de PNL que conheço, gosto de algumas, tais como:
- Reprogramar de dentro para fora sua forma de pensar e suas atitudes.
- Mudar o que as pessoas sentem através das palavras.
- Dar às pessoas maior controle sobre suas mentes.
- É o manual de funcionamento do cérebro.
- Permite uma reengenharia do ser humano.

Muitas programações no nosso cérebro nos limitam, pois nós sentimos o que pensamos. Se queremos verdadeiramente uma mudança, precisamos mudar nosso diálogo interno. Quem é a pessoa com quem mais conversamos durante o dia? Nós mesmos.

Já percebeu que algumas pessoas possuem uma voz interior que as faz lembrarem-se de momentos ruins? Se isto ocorre, mude a qualidade de sua voz interior. Imagine como se fosse o pato Donald falando com você, ou um comentarista esportivo, por exemplo. A voz interior perde sua credibilidade. O truque é o seguinte: mude as imagens na sua mente e a maneira como você fala consigo mesmo para que se sinta bem.

Algumas pessoas adquirem a habilidade de armazenar lembranças que as levam à depressão, raiva ou outros sentimentos negativos. Por que escolhê-las quando você poderia escolher o prazer e a paz? O mesmo se aplica ao futuro. Por que se preocupar ou se frustrar com algo que ainda não aconteceu quando você poderia se sentir confiante e confortável? Você poderia optar por manter parte da preocupação sob a forma de interesse. Na verdade, você escolhe o estado desejado, em vez de ser escolhido por ele. Todos os nossos sentimentos estão baseados nas imagens que focalizamos na mente, e nos sons e sensações que vinculamos a essas imagens específicas. À medida que mudamos as imagens e sons, mudamos como nos sentimos a respeito.

Se estamos falando sobre mudança, precisamos também entender como nossas crenças possuem um papel fundamental em nossa vida. Você deve acreditar que pode mudar!

Como não podemos a cada manhã enfrentarmos o mundo sem algum tipo de certeza, as crenças proporcionam esta certeza. São dois componentes intimamente ligados: uma ideia e um sentimento de certeza que acompanha esta ideia. E uma convicção muito forte sobre determinada questão.

Dessa forma suas crenças agem como profecias que se concretizam. Você age de forma a provar a si mesmo a validade e o valor de suas crenças. Portanto, se suas crenças forem limitadoras, você limitará seu desempenho, provando ser verdadeira a crença. Com o passar do tempo, as crenças tornam-se cada vez mais arraigadas à medida que você continua a vivê-las a cada dia. Observe que as crenças condicionam nossa comunicação interna.

Posso citar uma história em que dois amigos estão no ônibus e de repente uma pedra é atirada de fora e atinge um deles. O sujeito que não foi atingido diz: "Não temos sorte mesmo, estamos atrasados para o trabalho e ainda acontece isso". O segundo sujeito, com um sorriso no rosto diz: "Sorte que consegui cabecear a pedra e salvar aquela velhinha que está do nosso lado, sou um herói". A maneira como você interpreta a situação é decorrente da sua estrutura interna, e esta determinará qual será a reação gerada.

Não decidimos no que vamos acreditar, pois este processo é realizado através de experiências que desencadeiam benefícios ou prejuízos. Não possuímos um filtro que possa classificar "isso é bom de acreditar" ou "isso não é bom de acreditar", o que acontece ao nosso redor é apenas registrado e armazenado na memória. Não há um limite de quantas experiências formarão uma crença, mas, sim, da intensidade emocional que será experimentada. Por exemplo, se andar dez vezes de patins sem cair, irá criar a crença de que não irá cair, porém, se sofrer um queda grave na décima primeira, a crença mais forte que estará presente quando tentar novamente será a de que vai cair.

Você se lembra do que queria ser quando era criança? O que dizia aos seus amigos, pais, avós? Nada parecia impossível, na realidade, não era porque você não conhecia essa palavra. Seus sonhos eram sustentados por uma crença tão intensa que contagiava os adultos que estavam ao seu redor, pois talvez eles vissem em você uma pequena amostra do que um dia foram.

Mas, o que acontece com algumas pessoas? Por algum motivo, à medida que foram crescendo, estes sonhos começaram a ficar com menos brilho, menos força, até ficarem guardados em um pequeno lugar dentro da memória. O espaço daquele sonho foi ocupado com "realidades" que lhes diziam que nada daquilo era possível, que não conseguiria realizar seus objetivos, que era difícil, e o mais triste é que algumas pessoas acreditaram nisso tudo sem questionar.

Então, estas pessoas passam a aceitar a vida empobrecida que conseguiram, achando que tudo aquilo era o máximo que poderiam ter. A simplicidade daquela criança foi trocada pela complicação de um homem adulto. É adequado citar a frase de Albert Schweitzer: "A tragédia de um homem é o que morre dentro dele enquanto ele ainda está vivo".

Você mora na cidade que desejou? Tem o trabalho que sonhou? Digamos que sua resposta seja "não". Mas o que deu errado? Muitos fatores podem ter influenciado para chegar onde está hoje, porém, a falta de acreditar que conseguiria foi um dos fatores mais importantes para esse resultado. Muitos dos seus sonhos ainda existem, porém, não há crença suficiente que possam sustentá-los.

Sempre existe uma forma para conseguirmos o que desejamos, se você não tem os recursos no momento, pode, ao menos, conhecer as formas para poder acessá-los. Lembre-se de como era seu pensamento quando acreditava em algo em que hoje não acredita, como era seu comportamento, o ambiente em que vivia, as coisas que superava etc. Reviva essa lembrança para poder reviver sua crença, pois como diria Chico Xavier, "embora ninguém possa voltar atrás e fazer um novo começo, qualquer um pode começar agora e fazer um novo fim".

Nosso cérebro é algo tão maravilhoso e até o momento não sabemos ao certo como funciona. No entanto, estamos descobrindo aos poucos como essa fantástica máquina pode produzir resultados extraordinários quando o guiamos de maneira correta.

O segredo da mudança não está em querer renovar inteiramente a estrutura da organização ou mudar as pessoas que nos cercam, mas, sim, em reprogramar de dentro para fora nossa forma de pensar e nossas atitudes. O sucesso vem de dentro e a real mudança é saber que seu cérebro, seu modo de pensar e de encarar a vida dependem, exclusivamente, de você.

O poder do
Mentoring & Coaching

Mariana Domitila

Mentoring e Coaching Acadêmico:
o ensino superior frente os desafios da modernidade líquida

Mariana Domitila

Mestre em Comunicação e Cultura pela Universidade de Sorocaba - UNISO. Foi aluna especial no Doutorado em Ciências da Informação da USP. É aluna especial no Doutorado em Educação na Universidade de Sorocaba - UNISO. Formada em Propaganda e Publicidade pela ESAMC e em Jornalismo pela Universidade de Sorocaba - UNISO. Técnica em Moda e Estilismo pela Pro-Arte. Trainer Training e Master Practitioner em PNL pela Actius. Master Coach e Mentor pelo Instituto Holos. Professora há mais de sete anos nos cursos de graduação e pós-graduação na Universidade de Sorocaba, Senac e Kroton, nas áreas de Inovação e Criatividade, Comunicação, Propaganda, Moda, Gestão de Pessoas, Marketing, Pesquisa de Tendências e Comportamento do Consumidor. Treinadora no ISAE FGV na área de PNL e Coaching. Realiza palestras, treinamentos e cursos nas áreas de Desenvolvimento Humano. É Master Coach e coordenadora de Marketing e Inovação, professora e treinadora da ELO – Núcleo de Desenvolvimento Humano desde 2013.
É diretora de Marketing do site e Projeto Cultural Sorocult.com desde 2005. Autora do livro "Marketing Pessoal: investindo no bom senso", publicado em 2008.

mariana.domitila@gmail.com
http://marianadomitila.blogspot.com.br
http://lattes.cnpq.br/2605581484853687

Segundo Edgar Morin, estamos acostumados a receber informações e gerar conhecimentos a partir das separações de disciplinas e grupos específicos. Assim, não desenvolvemos o hábito de relacionar e inter-relacionar tais informações e conhecimentos, gerando certo vazio nas emissões e interpretações comunicativas. Na Modernidade Líquida conceituada por Zygmunt Bauman é possível decifrar o perfil atual dos docentes e discentes no Ensino Superior. Assim, neste artigo, defendem-se os processos de Coaching e Mentoring como motivadores para uma transformação educacional e comunicacional. Mais que uma nova forma de pensar e agir, o Coaching e o Mentoring acadêmicos vêm articulados e preparados para propor dispositivos, bússolas e modelos de construção de conhecimento. Propor conceitos para desenvolvimento de relações simbólicas, cognitivas e contextuais.

Informações e conhecimentos líquidos

Educar na contemporaneidade faz-se tarefa difícil, pois nosso sistema educacional nos ensina a separar, mas não a relacionar as informações. Consequentemente, a comunicação educacional pode escapar da real função da emissão informativa para gerar conhecimento e motivar a busca de mais fontes que esclareçam o conhecimento apreendido.

Sobre o repensar da educação e seus educadores, Edgar Morin (2003) argumenta de forma explicativa e reflexiva que educar na era planetária é ensinar a finalidade de separar e relacionar conhecimentos.

> *A missão da educação para a era planetária é fortalecer as condições de possibilidade da emergência de uma sociedade mundo composta por cidadãos protagonistas, consciente e criticamente comprometidos com a construção de uma civilização planetária. A resposta à pergunta circular de Karl Marx em suas teses sobre Feuerbach: "Quem educará os educadores?", consiste em pensar que, em diferentes lugares do planeta, sempre existe uma minoria de educadores, animados pela fé na necessidade de reformar o pensamento e em regenerar o ensino. São educadores que possuem um forte senso de sua missão (MORIN, 2003, p. 98).*

Estamos acostumados a receber informações e gerar conhecimentos a partir das separações de disciplinas e grupos específicos. Podemos analisar, por exemplo, os docentes do Ensino Superior contemporâneo: estes como o meio que ensina e propaga o conhecimento, mas dificilmente discute e decodifica o que é conhecimento com seus alunos. "É impressionante que a educação que visa transmitir conhecimentos seja cega quanto ao que é o conhecimento humano, seus dispositivos, enfermidades, dificuldades, tendências ao erro e à ilusão, e não se preocupe em fazer conhecer o que é conhecer" (MORIN, 2002, p.13-4).

Observa-se que toda e qualquer informação, no momento em que é recebida, interpretada e aplicada, pode tornar-se conhecimento. Mas será que este conhecimento, para o docente e para o discente, faz-se significativo? Será que ambos estão preparados para fazer relações? Para aplicar, relacionar, repensar e questionar tantas apropriações informativas em seu dia a dia? Como esses docentes preparam suas aulas? Quais são suas fontes de pesquisa? Seus critérios de escolha? Quais são as relações que eles fazem com a ementa do curso e com o perfil do alunado? E será que, de fato, a maioria preocupa-se com este perfil? E sobre as fontes - Quem as editou? Tantas opções de busca e escolha, que muitas vezes motivam uma crise da própria escolha no professor pós-moderno, ou mesmo da Modernidade Líquida, segundo Zygmunt Bauman (2007).

> *Líquido-moderna é uma sociedade em que as condições sob as quais agem seus membros mudam num tempo mais curto do que aquele necessário para a consolidação, em hábitos e rotinas, das formas de agir. A liquidez da vida e a da sociedade se alimentam e se revigoram mutuamente. A vida líquida, assim como a sociedade líquido-moderna, não pode manter a forma ou permanecer em seu curso por muito tempo (BAUMAN, 2007, p.07).*

Edgar Morin (2002) alerta sobre a importância de compreender que no conhecimento sempre há um risco de erro – de ilusão. Explica que "muitos conhecimentos que no passado achávamos certos hoje os consideramos errados, ilusórios; muitas ideias que no século XX nos pareciam justas foram abandonadas". O autor completa dizendo que o conhecimento não traduz uma realidade, mas a reconstrói.

Portanto, entende-se que um conhecimento sofre mutações com o passar do tempo; ponto que podemos relacionar à Modernidade Líquida e sua casca de gelo fina que depende da agilidade para não quebrar, pois aquele docente que pensa ter encontrado a verdade absoluta certamente não tem o espírito pesquisador necessário para motivar o discente líquido.

Aquilo que é conhecido e compreendido, aceitável e funcional no ontem pode ser dispensável no hoje e bastante necessário no amanhã. "Num mundo como este, o conhecimento é destinado a perseguir eternamente objetos sempre fugidios que, como se não bastasse, começam a se dissolver no momento em que são apreendidos" (BAUMAN, 2010, p.45).

A capacidade de durar não joga mais a favor das coisas. Dos objetos e dos laços, exige-se apenas que sirvam durante algum tempo e que possam ser destruídos ou descartados de alguma forma quando se tornarem obsoletos - o que acontecerá forçosamente. Assim, é preciso evitar a posse de bens, em particular daqueles que duram muito e que não são descartáveis com facilidade (BAUMAN, 2010, p. 42).

Tudo dependerá do contexto histórico, social, econômico, demográfico e temporal. Inovações, tendências e novas interpretações servirão de ferramentas construtivas e moderativas para novos conhecimentos.

Infelizmente, temos o hábito de prendermo-nos a paradigmas, pois tendemos a simplificar aquilo que é complexo. Repetir receitas de bolo que já dão certo há tempos, ou seja, receia-se testar o novo ou incerto.

O docente no mundo líquido

Num contexto comercial, pensemos na tarefa de busca de atenção, mesmo pouco viva e desperta, dos consumidores pós-modernos; uma atenção fragmentada e enviada a diversos conteúdos, imagens, pessoas e situações. Assim, poderíamos considerar que tais consumidores pós-modernos seriam, de fato, também alunos e professores. Uma vez que conhecimento só é conhecimento depois de absorvido, compreendido e apreendido, questiona-se: o receber seria consumir a informação? Mas e o entender? E o despertar do sentido para aquele objeto informacional?

> *Portanto, a ideia de que a educação pode consistir em um "produto" feito para ser apropriado e conservado é desconcertante, e sem dúvida não depõe a favor da educação institucionalizada. Para convencer seus filhos da utilidade do estudo, pais e mães de outrora costumavam dizer que "aquilo que você aprendeu ninguém vai poder lhe tirar". Esta talvez fosse uma promessa encorajadora para os filhos deles, mas, para os jovens contemporâneos, deve representar uma perspectiva horripilante (BAUMAN, 2010, p. 42).*

Ora ou outra, faz-se possível enxergar também o docente do ensino superior, por exemplo, como consumidor, produtor e vendedor de conhecimento dentro do mundo pós-moderno.

> Esta nossa sociedade é uma sociedade de consumidores. E, como o resto do mundo visto e vivido pelos consumidores, a cultura também se transforma num armazém de produtos destinados ao consumo, cada qual concorrendo com os outros para conquistar a atenção inconstante/errante dos potenciais consumidores, na esperança de atraí-la e conservá-la por pouco mais de um breve segundo (BAUMAN, 2010, p. 33 e 34).

> O consumismo de hoje não consiste em acumular objetos, mas em seu gozo descartável. Sendo assim, por que o "pacote de conhecimentos" adquiridos na universidade deveria escapar dessa regra universal? No turbilhão de mudanças, é muito mais atraente o conhecimento criado para usar e jogar fora, o conhecimento pronto para utilização e eliminação instantâneas, o tipo de conhecimento prometido pelos programas de computador que entram e saem das prateleiras das lojas num ritmo cada vez mais acelerado (BAUMAN, 2010, p. 42).

Hoje o professor se vê, muitas vezes, como um ser multifacetário e multiplicador de conhecimento. Com isso, vê-se rodeado de opções sem capacidade de escolhê-las realmente. Em qual fonte confiar? Como traduzir o conteúdo? Como atrair a atenção e despertar o interesse destes discentes-consumistas?

Talvez fazendo aquilo que ninguém mais faz? Mas como, dentro de tantos padrões e pressões burocráticas? E, de fato, este professor vê sentido no que faz? - Questionamentos que no processo de Mentoring e Coaching acadêmico seriam não somente respondidos, mas também geradores de novos questionamentos e reflexões.

A multiplicidade do conhecimento

A quantidade relacionada ou não à qualidade desse conhecimento. O excesso de informação e conhecimento e a dificuldade em escolher o que é melhor. Assim, repensar a identidade ou papéis exercidos pelo professor pós-moderno no ensino superior. Entendendo, portanto, o que é preciso ter para sobreviver numa sociedade competitiva em que o professor de ensino superior vive sem fidelidade profissional.

> *"A pertença", afirma Jean-Claude Kaufmann, é "utilizada hoje sobretudo como recurso do ego". Ele nos adverte contra a ideia de que as "comunidades de pertença" são necessariamente "comunidades integradoras". Recomenda antes que sejam vistas como fenômenos que acompanham o processo de individualização, como uma série de estações de serviço ou de motéis marcando a trajetória do Eu que se forma e reforma continuamente (BAUMAN, 2010, p. 37).*
>
> *Assim como os barcos que atracam sucessiva ou ocasionalmente em diversos portos, os Eus se submetem, nas "comunidades de referência" às quais pedem admissão, a verificação e aprovação das próprias credenciais nessa busca de reconhecimento e confirmação da identidade que dura a vida inteira (BAUMAN, 2010, p. 39).*

É preciso tentar enxergar e conhecer de forma mais detalhada o profissional, o professor na pós-modernidade. Seria um mediador? Comunicador? E o que é conhecimento na pós-modernidade? E qual é o posicionamento e percepção deste docente ora líquido, ora sólido, conforme o conceito de Modernidade Líquida e Sólida proposto por Bauman?

O Mentoring e Coaching Acadêmico na formação docente

Sendo o docente um sujeito social com identidades e subjetividades, ou seja, um ser que também tem potencial a ser maximizado, assim como o discente; subjacente a explanação dos processos de Mentoring e Coaching acadêmicos como motivadores para uma transformação educacional e comunicacional. Mais que uma nova forma de pensar e agir, o Mentoring e o Coaching acadêmicos vêm articulados e preparados para propor dispositivos, bússolas e modelos de construção de conhecimento.

O Mentoring e o Coaching Acadêmico são processos educativos, em que o Coach e o coachee (ou o Mentor e Mentorado) mantêm uma relação de igual para igual. Não há espaço para disputas de Ego, e sim para trocas de sabedoria de vida e conceitos necessários para um bom desempenho acadêmico. Segundo o Instituto Holos, em momento algum deve-se confundir o Coaching ou o Mentoring com alguma imposição, indução, paternalismo ou qualquer tipo de obtenção de vantagens.

O processo de Coaching, segundo Kauffman e Scoular (2008), tem como meta maximizar o potencial do cliente, liberando e possibilitando seu desenvolvimento, ajudando-o a aprender a aprender.

Pensando no âmbito acadêmico, exemplifiquemos a importância da utilidade do processo de Coaching num profissional com anos de experiência de mercado, que deseja tornar-se professor no ensino superior. Também para iniciantes acadêmicos, ou seja, discentes do ensino superior ou recém-formados que desejam lecionar. Paralelamente o Mentoring ajuda na ampliação de visão perante este mercado acadêmico, reforçando e estimulando o significado pessoal e profissional da responsabilidade e missão do professor em sala de aula e na vida do aluno.

Deste modo, Bernhoeft (2001) explica que o processo de Mentoring é diferente do Coaching, pois tem como proposta resgatar valores, abrir visões e gerar reflexões sobre o mundo e suas probabilidades, assim como os posicionamentos dentro dos relacionamentos interpessoais.

Talvez o ideal fosse entender este docente também como possível Mentor e Coach dos seus alunos, pois sua responsabilidade e missão em sala de aula ultrapassam meras transmissões de informações e conhecimentos. Faz-se necessário despertar no aluno o desejo pelo aprender a aprender, primeiramente. O docente, diante dos desafios da modernidade líquida, precisa levar em consideração a sabedoria de vida de seus alunos, deixando de lado preconceitos e pré-julgamentos.

Cabe, portanto, reforçar a necessidade de aprimoramento da formação docente, incluindo em seu repertório os conceitos e processos de Mentoring e Coaching. Certamente proporcionaria uma visão mais ampla com atitudes e comunicações mais flexíveis e assertivas em sala de aula, diminuindo conflitos e aumentando o aproveitamento dos alunos dos conteúdos ministrados.

Deve-se ressaltar que muitas pessoas enxergam a carreira de professor como um "bico", e nesse sentido o Mentoring e o Coaching Acadêmicos não atenderão expectativas, pois esses processos entendem a missão do professor como uma das mais pontuais e assertivas no desenvolvimento humano. Os processos possibilitam ao professor ou futuro professor o entendimento de como esta profissão pode ser considerada uma das principais formas de mudar a vida das pessoas. É papel do Mentor ou Coach Acadêmicos traçar as características dos cursos livres, tecnólogos, bacharelados, pós-graduação lato sensu e stricto sensu, assim como as perspectivas do setor e da carreira.

Professor é aquele que sente prazer no que faz. Professor para um mundo líquido menos conflituoso é aquele que tem espírito científico holístico, ou seja, aberto a renovações. Aquele que se automotiva e motiva a reflexão entre seus alunos. Aquele que se alegra ao ver o surgimento de novos olhares e questionamentos. Para David Bohm e Jean-Pierre Vigier, precisamos reconstituir totalmente a noção de vazio e aí supor energias infinitas. Reforçando a proposta, Edgar Morin sugere que o espírito científico é incapaz de se pensar de tanto crer que o conhecimento científico é o reflexo do real. "Uma teoria não é o conhecimento; ela permite o conhecimento. Uma teoria não é uma chegada; é a possibilidade de uma partida. Uma teoria não é uma solução; é a possibilidade de tratar um problema."

Hoje, um educador deve ser também mentor: preparar, conceber caminhos, desenvolver habilidades cognitivas, despertar interesses informacionais nos aprendizes, interesses que gerem conhecimento de fato!

Viver na "Era da Informação", rodeado e bombardeado por informações, que são disparadas pelos meios comunicativos massivos, requer receber conteúdos filtrando-os, selecionando-os, relacionando-os e desfragmentando-os, a fim de que se tornem conhecimentos.

Desta forma, Coaches e coachees, sujeitos e sujeitados, caminhemos em busca da ampliação do nosso mapa e filtros representacionais. Ampliemos nossa visão de mundo e pratiquemos a cosmovisão por nós mesmos e principalmente pelos outros. Cuidemos do processo para de fato entender seu valor. Sejamos gratos e engajados pelo conhecimento do "Todo" e suas partes fundamentais, sem realmente esquecer-se de que podemos fazer a diferença... Só depende de nós.

REFERÊNCIAS:
BAUMAN, Zygmunt. Vida Líquida. Rio de Janeiro: Jorge Zahar Ed., 2007.
_____. Capitalismo Parasitário: e outros temas contemporâneos. Rio de Janeiro: Jorge Zahar Ed., 2010.
BERNHOEFT, Rosa. Mentoring: Abrindo horizontes, superando limites, construindo caminhos. São Paulo: Ed. Gente, 2001.
CASTELLS, Manuel. A Sociedade em Rede. 6ª Ed. São Paulo: Editora Paz e Terra, 2002.
DANCE, Frank E. X. Teorias da Comunicação Humana. São Paulo: Cultrix, 1967.
KAUFFMANN, Carol. Four steps to putting positive psychology into your coaching practice. USA: Harvard Medical School, 2008.
MORIN, E. Educação planetária: conferência na Universidade São Marcos, São Paulo, Brasil, 2005. Disponível em: http://edgarmorin.org.br/textos.php?tx=30. Acesso em: 05 ago 2012.
_____. Os sete saberes necessários à educação do futuro. 3. ed. São Paulo: Cortez; Brasília, DF: UNESCO, 2002.
MORIN, E.; CIURANA, R.; MOTTA, R. Educar na Era Planetária: O pensamento complexo como Método de aprendizagem no erro e na incerteza humana. São Paulo, SP: Cortez Editora, 2003.

O poder do
Mentoring
&
Coaching

Mônica Fernandes

Como ser mais feliz, através do Coaching?

Mônica Fernandes

É arte educadora e professora de teatro formada pela Universidade Federal de Mato Grosso do Sul.
Coach com certificação internacional pelo Instituto Holos.
Atua como Life Coach; palestrante motivacional; colunista no Portal TVE; Coach no programa de TV ATIVAAMENTE – TV Brasil Pantanal (TVE).
Ministra os cursos Agenda de Coaching Personalizada; Vendas; Gerenciamento de Pessoas; Atendimento e Qualidade e Expressão Corporal.
Teve participação nos programas de TV: Comportamento e Atitude – 2013 – TV Brasil; Pantanal (TVE) e Identidade – 2014 – TV Brasil Pantanal (TVE).

mfernandes_1@hotmail.com

Ah, a felicidade... Tão propagada, endeusada, perseguida, idealizada... Tão manipulada, invejada, comprada e vendida... E onde ela anda? Dentro ou fora de nós?

Nesta busca frenética por esta sensação, passamos de caçadores a caça, pois este sentimento virou moeda de barganha, no mundo de hoje. Todo mundo quer ser feliz, custe o que custar. E, infelizmente, tem custado muito caro... O sofrimento que repelimos com bastante força nos educa, e é primordial para nosso crescimento. Ele é necessário para enfrentarmos nossas fragilidades e fraquezas, e nos superarmos. Como disse Paulo Coelho, em seu livro "Brida", precisamos mergulhar em nossas noites escuras, e depois voltarmos inteiros, para ver a luz. Precisamos da tristeza, até para, depois, reconhecermos a alegria. Precisamos dos contrários da vida, para percebê-la.

Mas talvez recorramos tanto à felicidade porque ela é a pausa do sofrer, e a ilusão passageira de que a tristeza partiu, para sempre...

E por que queremos ser tão felizes? Porque ser feliz é o endosso da vida às nossas ações, é a prova, nem que seja por curto período, de que estamos vivendo bem, estamos no jogo, ganhando e acertando! Estamos de bem com a vida!

O sentimento mais desejado pelo ser humano é difícil de ser entendido e conquistado, pois é complexo e muito particular... Dependerá do momento, dos anseios, e da fase em que nos encontramos. O que nos fez feliz ontem não mais nos fará hoje, e é por isso que a felicidade nunca dura, e se esvai sempre de nossas mãos...

Mas o que é a felicidade?

Para uma mãe, a felicidade pode ser o fim da febre de seu filho; para um atleta, a medalha em seu peito; para um corrupto, o pagamento de sua propina, e para uma jovem apaixonada ter reatado com aquele canalha, que só a faz sofrer... Por isso, esse sentimento é único e intransferível, e depende muito dos nossos valores, e de tudo o que somos e o que ainda seremos!

A felicidade é a sensação que mais nos move, já que sempre estamos à procura dela. E por causa da ideia de ir mais além, que esse sonho nos provoca, saímos de nossas cavernas e nos aventuramos por novos destinos. É através desta busca inerente do ser que o mundo se fez e se faz, e que nós nos reinventamos, todo dia!

Porém, esta felicidade que depende de um acontecimento, um desejo, um sonho ou uma virada de mesa terá sempre, como efeito colateral, nosso sofrimento e frustração...

Como, então, experimentarmos uma felicidade inata, incondicional, e permanente?

Viver o agora

Uma das mais libertadoras ferramentas que vivenciei, no SISTEMA ISOR de Marcos Wunderlich, para se ter a felicidade verdadeira, é aprender a viver o AGORA. A maioria de nós vive carregando dois fantasmas chamados passado e futuro. São fantasmas porque nos amedrontam; não existem e não estão aqui.

Quando vivemos olhando para trás, nos lastimando de erros que cometemos, paramos de caminhar e até de viver. Quando recordamos um acontecimento triste que ficou no passado o revivemos, inutilmente, mais uma vez... Quando sofremos por expectativa de algo que ainda vai surgir, tentamos brincar de semideuses, prevendo momentos que não estão ao nosso alcance, nunca estarão e talvez nem aconteçam... E o AGORA, poderoso, absoluto, vai passando e, de novo, não o vivenciamos. E assim, desperdiçando nosso "hoje", vamos vagando pela vida, como almas penadas, deixando de viver o PRESENTE que nos é dado. Muitos poetas, escritores e até religiosos nos ofereceram esta verdade absoluta. Temos que nos focar no momento, na ação, na vida já, na fabulosa oportunidade do estar aqui, do viver AGORA. Por isso, é essencial descarregar nossas bagagens, deixar o passado e o futuro em seus devidos lugares, para ficarmos leves e plenos do que importa: O HOJE!

Exercício prático: quando tiver pensamentos que não estejam focados no seu momento real, treine sua mente para paralisar esta ação, e faça algo, imediatamente, que lhe exija a atenção. Exemplo: tarefas práticas, serviços operacionais, jogos e meditação.

Realize uma coisa nova, se encante pela vida. Vá dançar, aprender uma língua, fazer voluntariado, encontrar bons amigos, algo que dê um sentido novo e delicioso ao seu agora!

Lição de casa: enterramos o passado e construímos o futuro somente dentro do PRESENTE!

Muita gratidão e pouco drama

Se você quiser transformar a sua vida, de verdade, deixe a gratidão entrar pela porta da frente de sua casa, e o drama sair pela porta dos fundos.

A gratidão é o sentimento mais doce e nobre de seu coração. Exercite-a! Uma vez instalada, fará reformas íntimas profundas. Agradeça tudo o que acontece em seu dia! As surpresas, alegrias, tristezas, problemas e decepções, pois quando eu aceito o que me acontece modifico o modo de encarar a vida e trago a ela irremediável leveza. Seu mundo ficará mais sereno e você, com uma visão mais apurada, para descobrir a todo momento fatos novos a agradecer.

Aceite as dores e não dê a elas um peso maior do que possuem. Fazer drama só compromete o nosso bem-estar e a nossa capacidade de sair das más situações. Encare as pedras no caminho como parte da estrada que o levará a seus objetivos ainda mais forte. Quando focamos dramaticamente um acontecimento, ficamos vulneráveis a ele. Enfraquecemos o poder e o foco necessários para ultrapassá-lo. Como afirma Tom Ferry, em seu livro "Sem limites para o sucesso": "Viver no drama é mergulhar fundo na emoção do conflito. Precisamos prestar atenção no significado e emoção que associamos aos acontecimentos".

Por isso temos que reavaliar o critério que depositamos nos fatos, pois eles só têm o peso que lhe dermos.

Vamos, então, olhar todo o contexto de nosso modo de vida de forma clara, e deixar de sermos vítimas para assumir, finalmente, o controle de nossos dias.

As pessoas gratas, normalmente, possuem uma grande fé, que adquirem deste processo de atenção, confiança e amor, sem questionamentos. Mas, antes, elas precisaram perder muito; perder terrivelmente... E com o sofrimento visceral dessas perdas valorizar pelo caminho cada possibilidade de ganho. Só através da dor e do despojamento nos tornamos gratos. Por isso, receba tudo o que a vida lhe endereçar, sem dramas, só amor e gratidão!

Este é nosso mais belo projeto de evolução! Quando treinamos a gratidão, nos sentimos afortunados, abençoados e então começamos um caso de amor infinito com nosso viver e a tal felicidade vira nossa companheira diária.

Exercício prático: os especialistas sugerem que para exercitar a gratidão devemos começar nas pequenas coisas. Aquela vaga no estacionamento lotado, a sua música preferida no rádio, ter olhos perfeitos para enxergar aquele lindo céu azul, receber uma ajuda, um abraço ou telefonema inesperado, aquela refeição deliciosa, o banho gostoso, sua saúde perfeita; e a partir deste despertar, automaticamente, já estará apto a perceber as grandes bênçãos de sua vida!

Pratique o jogo do "É proibido reclamar": policie suas lamentações e dramas, criando etapas curtas, um dia, dois, sem reclamar ou dramatizar, e vá aumentando gradativamente, quando passar as fases estipuladas. Parece fácil, mas não é... Mas insista!

Exercício de casa: reconhecer a grandiosidade da vida, e sua incrível oportunidade de estar aqui, é a maior das gratidões! Fique grato por existir!

Perdão

Pratique este ato libertador: perdoe!

Para ser capaz de perdoar, lembre-se de que precisamos também do perdão! E é perdoando que avançaremos em nossa condução pessoal, a nossa maior missão!

Deixe o amor sem julgamentos invadir o seu ser, e aí poderá perdoar, com todo seu coração! Por isso perdoe sempre! Perdoe o erro fácil e perdoe o imperdoável. Perdoe quem não merece e perdoe quem não lhe pediu perdão, pois o agente desta doação de amor é quem dá e não quem recebe. É quem sai de sua crosta de imperfeições, e por alguns segundos se torna verdadeiramente a semelhança de Deus!

Lição de casa: antes de perdoar os outros, perdoe a si mesmo. Exercite a aceitação a partir de você!

Autoestima

Para ser feliz, antes de tudo, é preciso se amar! Este é o ato de amor mais complexo e necessário para nosso crescimento, em todos os sentidos...

Ouvimos a todo instante, então, sobre desenvolver nossa autoestima, mas o que seria realmente isso?

Autoestima é você gostar profundamente de você... Aceitando-se plenamente.

É mais do que se olhar ou gostar de sua figura... É ver através do espelho; e não sobre ele!

Ajudar amorosamente a pessoa mais próxima: VOCÊ!

Preciso aprender a focar a atenção nas coisas que me completam, pois só sendo inteiro serei realizado e, a partir daí, melhor pai, mãe, profissional e pessoa!

Preciso aprender a dizer "não"! Quando priorizo minhas necessidades, estabeleço uma vida plena e satisfatória e me sinto muito realizado.

Lição de casa: se esforce para manter uma lista de afazeres importantes e agradáveis a você, e as realize. Programe prazos, datas e cumpra!

Saúde e exercícios

Ter saúde é, acima de tudo, ter energia e alegria de viver. Todos os profissionais de saúde afirmam que para se ter saúde é preciso se alimentar bem e praticar atividades físicas, pois além de melhorarem minha saúde controlam meu estresse, mudam minha forma física, e automaticamente elevam minha autoestima. Vicie-se neste ciclo do bem.

Mudando meu estilo de vida e investindo em saúde e movimento ficarei mais feliz, pleno e viverei mais. APOSTE neste projeto. Valerá muito a pena!

Exercício prático: comece gradativamente, sem autossabotagem. Escolha alguma atividade que goste, se comprometa com datas em sua agenda, e vá, mesmo sem vontade e com cara feia. Com o tempo, a tendência é você gostar, e com persistência virará um hábito insubstituível em sua rotina. Aceite os exercícios com alegria! Seu corpo adora o movimento! Lembre-se de você quando criança!

Medo

O maior sabotador de sua felicidade é o medo... Treine, através de bons pensamentos, para retirar esse vilão dos seus dias... Ele só existe dentro de você e paralisa suas ações! Afaste essa sensação de sua vida. Corrija seus pensamentos e sempre se visualize em cenas seguras, de paz, estabilidade e amor. Veja-se bem, calmo, feliz, realizando seus sonhos, conseguindo seus objetivos. Os profissionais da área sempre nos indicam a VISUALIZAÇÃO de cenas que você deseja, como algo poderoso, pois eu só acredito no que penso. Todo pensamento é como um ENTER em sua programação, então, VIGIE, com muito cuidado, sua mente.

Lição de casa: PENSE POSITIVO! Pense em cenas lindas, coloridas, alegres e grandiosas, e você, como ator principal, executando seus sonhos dentro delas!

Cumprir suas promessas

Cumpra suas promessas e você será incrivelmente feliz, independente de qualquer coisa, pois estará orgulhoso de seus feitos e seu caminhar!

Fique atento as suas inquietações, desejos, objetivos, pois só com a plenitude das realizações de sua vida você estará bem.

Viver bem comigo mesmo é ter vida em harmonia, sem conflito, e enquanto houver uma guerra interna sobre o que eu quero e o que eu faço não estarei satisfeito.

Para cumprir minhas promessas, preciso me olhar, me escutar e me perceber. Realmente, preciso prestar atenção em mim, sem me preocupar com a opinião dos outros... Ver, verdadeiramente, o que eu quero. Então eu necessito me vestir de coragem e ir para a minha luta pessoal, para ter paz. Preciso mudar o que não gosto, e arrasto anos a fio, e preciso viver MINHAS VERDADES... Fazer a vida ser um retrato de tudo o que eu acredito. Esse é o maior contexto do ser humano, a sua verdadeira intuição! Só assim me sentirei pleno e verdadeiramente feliz!

Quando não faço o que eu quero, ou o que precisa ser feito, "fico de mal" comigo mesmo e construo todos os outros comportamentos nocivos que me prejudicam... Antes de vislumbrar ser feliz, eu preciso me orgulhar de minhas ações, estar muito satisfeito com minhas atitudes, ou seja, fazer o que eu penso, acredito e desejo.

Como começar?

Com foco e atitude!

Exercício prático: listar seus projetos, estudar seu planejamento e executar seriamente, no dia a dia, o que quer fazer.

Se me proponho a começar um curso, aprender algo novo, preciso estipular os dias da semana e horários para a sua realização; tendo, então, esse compromisso cumprido rigorosamente, como todos os outros compromissos que executo. Vou, a partir daí, com muita segurança, dizer não para tudo que impedirá essa atividade...

Lição de casa: seja seu mais fiel executor de sonhos e realizações! Trabalhe incansavelmente para realizar seus desejos!

A vida é uma intensa viagem, aproveite seu tempo aqui para aprender tudo o que pode. Sentir todas as nuances, gostos, sabores e sensações e, quando for preciso, se desapegar de tudo, pois saber viver é isso: aceitar as perdas e os ganhos do caminho, porque tudo é aprendizado, tudo é bagagem e tudo se leva...

Como já nos disse, lindamente, Joni Baltar: "O ser humano é uma obra inacabada", e esta é, sem dúvida, a beleza do mundo, pois nunca estaremos prontos! Então aproveite! Se delicie com tudo o que vivenciar. Se encante, se alegre, se interesse, se aperfeiçoe! Mantenha a sua vida cheia de paixão, amor e humor. Descubra beleza em tudo, pois sempre há!

Seja o melhor especialista de si mesmo!

Lição de vida: procure ser verdadeiramente feliz, pois ninguém fará isso melhor do que você!

O poder do
Mentoring & Coaching

Randolfo Decker

Coaching e Mentoring na Era da Inovação

Randolfo Decker

Coach de Executivos e Negócios, com foco na gestão de projetos de inovação, com certificação nacional (IBC) e internacional (IAC, ECA, GCC e Metafórum Internacional). Mentor certificado com a metodologia ISOR, do Instituto Holos. Diretor Executivo da Inovatar - Coaching & Inovação (Coaching executivo, formação de líderes-coach e de mentores da inovação). Foi gestor de projetos de pesquisa e programas de inovação da FAPESC, durante 15 anos. Jornalista profissional, com 26 anos de experiência. Bacharel em Direito Empresarial, com formação em Gestão da Inovação e Propriedade Intelectual.

(48) 9113-3365
randolfo@inovatar.com

Estamos presenciando uma intensa e acelerada dança de mudanças, em todos os campos de atividades, em todo o planeta, causando uma sensação de incerteza e de grande euforia. Essa revolução, originada pelo fluxo das tecnologias, da informação e do conhecimento, está apenas em seu início. Nas próximas duas décadas, teremos mais mudanças no mundo dos negócios e das tecnologias do que nos dois últimos milênios.

Estamos numa efervescente era da criatividade e da inovação. Para onde vamos? Para uma nova era, da consciência e da sabedoria.

Neste rápido passeio e reflexões sobre esse admirável - e também desejável - "mundo novo", vamos relacionar ciências, tecnologias e o empreendedorismo inovador, incluindo o movimento das startups. E conectar o Coaching e o Mentoring, com suas técnicas e ferramentas entrelaçadas numa só metodologia, como estratégias para o desenvolvimento de gestores e lideranças visionárias em organizações de vanguarda.

A Singularity University, localizada numa base de pesquisas da Nasa e financiada pela Google e outros ícones mundiais de tecnologias inovadoras, aponta que existem quatro macrotendências que trilham o desenvolvimento das tecnologias, reunidas na sigla NBIC – Nano, Bio, Info e Cogno. As Ciências Cognitivas estudam como a informação se transforma na mente. A Nanotecnologia promete levar a engenharia à perfeição. Nada vai sobrar no processo produtivo e será possível acabar com o lixo. Com avanços na Biotecnologia vamos projetar as crianças, controlar o envelhecimento e até evitar a morte. E a Tecnologia da Informação e Comunicação deixará tudo conectado, como os carros, as máquinas, as cidades. A Internet das Coisas (IoT) conectará tudo a tudo. Será uma das maiores revoluções depois do surgimento da era digital. Vamos conectar cérebros humanos com cérebros artificiais e com coisas. Exagero? Absolutamente! Isso já está em desenvolvimento.

As inovações e as transições são rápidas e sem fronteiras. Destacamos a "inovação reversa", que começou com o movimento econômico calcado no "pensar global e agir local". Grandes organizações globais estimulam inovações locais que, em seguida, ganham escala mundial. Essas inovações desafiam a gravidade, fluindo para cima.

Ultimamente, fala-se em "inovação frugal". Isso mesmo! Inovação frugal significa criar produtos e serviços simples e eficazes, porém, de alta qualidade, para um consumidor cada vez mais exigente, preocupado e alerta em relação às suas economias pessoais e com elevada consciência ambiental e social.

Hoje o pensamento dominante é "pense grande e comece pequeno". Economia da escassez? Nada disso! Agora é a vez da "economia da abundância". O que, durante séculos se organizava em torno do material, do tangível e de recursos finitos, hoje opera numa plataforma centrada em intangíveis, com a soma da sociedade em rede + economia criativa + processos cooperativos e colaborativos + riqueza multidimensional. A prosperidade pode ser partilhada por todos se for gerada por todos, a partir de seus muitos recursos, história, características e modos de viver. Uau! Como isso?

A partir de crises econômicas, o campo digital abriu o caminho a uma economia de abundância. Tudo em rede, mais barato, gratuito e acessível. A economia tradicional com uma dimensão (1D), com a lógica da escassez e foco exclusivo no lucro, muda para nova economia de quatro dimensões (4D) somando resultados monetários, social, cultural e ambiental. Da exploração e concentração para a produção em rede e compartilhada, com gestão criativa e inovadora. A cultura maker (incluindo hackerspaces, makerspaces, fablabs, coworkings, hubs etc.) é um exemplo. A lógica está baseada num propósito comum e ganha força em todo o mundo, eclipsando o capitalismo predador.

A nova lógica assemelha-se ao processo da vida, que se autoproduz, se regenera e se mantém continuamente, de forma autônoma, porém, interdependente com o seu meio. É um sistema autopoiético. Algo semelhante está acontecendo na sociedade e na economia. Dos sistemas lineares, concentrados e controlados por políticas e economias tradicionais emergiram novos sistemas complexos, distribuídos, em rede. Neles buscaremos as chaves para viabilizar a geração de renda e qualidade de vida que o território necessita. São contextos nunca antes vividos pela humanidade, em que os avanços acontecem exponencialmente e ganha-se em escala conectando uma diversidade de pequenas experiências ao nível micro. É a nova microfísica da economia. É a "Fluxomonia 4D", assim denominada por Lala Deheinzelin, uma das lideranças da economia criativa e colaborativa no Brasil. É uma inovação disruptiva que levará a um novo modelo de monetização econômica.

Resolvido o dilema da inovação? Não. As novas tecnologias criadas por startups ficam populares e acessíveis em pouco tempo. Novas profissões serão criadas e outras vão desaparecer. Basta lembrar que carros elétricos e sem motoristas já são realidade. Tudo terá que se reinventar. Inclusive – e principalmente - as pessoas. O nosso modelo mental está sendo testado diariamente. As nossas ações e os resultados também.

Em países com economias mais desenvolvidas, empresas e organizações inovadoras empregam o Coaching e o Mentoring como estratégia para crescer. Governos investem em programas de formação de Mentores e de líderes-Coach, principalmente para atender startups. Os CEOS e lideranças das empresas mais (ou menos) conhecidas no mundo tecnológico tiveram (e ainda têm) apoio de mentores, internos ou externos. No Brasil, a capacitação dos novos Mentores, de forma integral, está engatinhando.

Como promover uma cultura inovadora na gestão, sem hierarquias de mando e controle, baseada em líderes-Coach e Mentores de equipes criativas e auto-organizadas?

NOVAS LÓGICAS, NOVAS REALIDADES

As novas lógicas genuínas são necessárias para conectar-se à geração de valor interno e percepção de valor externo. Nenhuma ferramenta solitária ou método é suficiente para captar e explorar a diversidade organizacional e seus desafios. Nenhuma pessoa pode capturar a complexidade do futuro por conta própria. Tudo leva para a descentralização e para o coletivo. Essa combinação gerou o conceito crowd envisioning. É a cultura da conexão, da colaboração e cocriação para atender os desafios do futuro. É uma parte poderosa e cada vez mais importante para as organizações. O futuro é sobre as pessoas e suas percepções de valor.

Os principais negócios digitais da atualidade operam no conceito crowdsourcing. Significa, literalmente, a coletividade (crowd) como fonte (source). Ou seja, as empresas que prestam serviços baseados em crowdsourcing não investem na produção nem imobilizam capital com manutenção de estoques. Google, Facebook, YouTube, Airbnb e Uber são alguns exemplos. São os próprios usuários, os nativos digitais (Geração Y e Z), que produzem – e compartilham - a maior parte de tudo o que elas disponibilizam. O modelo de gestão é fluido, horizontalizado.

A lógica da crise, com seus desafios, gera novas oportunidades, mudando a realidade. Não é possível não mudar. Velhos paradigmas e estruturas sócio-cognitivas precisam ser rapidamente superadas para lidarmos com as novas e mutantes realidades tecnológicas, educacionais, organizacionais e socioculturais. É nessa nova lógica que o Coaching, com suas múltiplas ciências, conhecimentos, técnicas e ferramentas aplicadas na gestão, vem ajudando pessoas em todos esses processos de mudanças.

As três palavras mais repetidas no meio acadêmico, nos governos e no setor privado são empreendedorismo, inovação e startups. E, se o assunto é empreender, a palavra de ordem é inovar. Empreender é uma forma de ser e de se relacionar. Nem todos os empreendedores são líderes, e vice-versa. No entanto, todos os empreendimentos necessitam de lideranças. Este é o principal foco do Coaching nas organizações: ajudar pessoas e formar líderes visionários que buscam a humanização das empresas, para atender exigências do mercado mundial.

O profissional Coach é um facilitador da transformação de pessoas e organizações inovadoras, que mantêm lideranças que valorizam o autoconhecimento e autorrealização individual e coletiva; que estimulam o pleno desenvolvimento do potencial humano (mindware e heartware); que promovem maior sentido e qualidade de vida de toda a sua equipe; que favorecem éticas da diversidade e da solidariedade. Esse é o líder-Coach, que ganha destaque nas empresas que desejam alcançar as suas metas, com resultados sustentáveis, e superar a crise.

O Coaching, por meio de questionamentos e reflexões, estimula estados de consciência e criatividade para que o cliente (coachee) encontre – por si mesmo – as soluções e resultados que busca. Leva a pessoa a se (des)envolver. Numa palavra, é presencing: experienciar o futuro no momento presente. É uma jornada na qual reside um portão interno que requer de nós aceitar tudo que vier e deixar ir tudo que não é essencial. Possibilita a um grupo de pessoas reconhecer as causas dos problemas atuais (os pontos cegos) e como gerar inovações sustentáveis. Isso é inteligência e sabedoria.

INOVAÇÃO: COACHING OU MENTORING?

Faltam Coaches e Mentores experientes e qualificados na área de gestão de projetos de inovação no Brasil. Por isso a busca por Mentores em fundos/clubes de investimentos, executivos de outras startups, profissionais com muito tempo de atividades em grandes empresas ou técnicos com alguma vivência em seu mercado específico.

Na etapa de criação, a maioria das startups e microempresas brasileiras não tem condições de realizar investimentos. Assim, surgiram várias plataformas, de organizações privadas e governamentais, onde você se cadastra, coloca seu minicurrículo como empreendedor bem (ou mal)-sucedido, e seu envolvimento com a inovação. Se aprovado, vira mentor. São voluntários que se sentem recompensados pelas possibilidades de conhecer novas tecnologias, pessoas e, talvez, novos clientes ou até parcerias. Embora a iniciativa seja louvável, tais mentorias resumem-se a algumas horas de orientações técnicas e de gestão, sem continuidade. Depois da mentoria (ou instrução?) o "startupeiro" fica sozinho.

As novas gerações de empreendedores e organizações inovadoras vêm derrubando alguns mitos sobre a mentoria tradicional e estruturada. Exemplos: a) não há Mentor perfeito e sim Mentores específicos para áreas diferentes; b) mentoria não é, necessariamente, uma relação de longo prazo. Depende das reais demandas; c) Mentores não servem apenas aos iniciantes. Empresários mundiais ainda têm Mentores; d) Mentor é uma posição de respeito e honra. Tudo bem. Porém, se for um profissional terá a contrapartida financeira e, também, mais aprendizagem.

Atualmente, em muitas empresas, vem ocorrendo uma inversão de papéis entre Mentores e mentorados. É a "mentoria inversa". A técnica é colocar o profissional jovem no centro, no papel de mentor de profissionais mais experientes, compartilhando seus conhecimentos, principalmente na área das tecnologias, e mostrando a maneira como a geração Y pensa e age. É uma via de mão dupla onde todos saem ganhando, inclusive a empresa. Isso é fantástico!

Reconhecemos que não existe um padrão ideal. Porém, convenhamos, um Mentor pleno não se forma em um dia de atividades. O Mentor/Coach desenvolve pessoas de forma personalizada (pessoa-pessoa) e integral (conexão coração-cérebro-espírito). Exige preparo, estudos intensivos, atualização constante. E muitas práticas.

Até porque essas empresas não nascem da noite para o dia e poucas conseguem uma escala nacional ou mundial. Assim, é possível imaginar uma cansativa rotina de pivots, mudanças estruturais, problemas e adversidades no modelo de negócios, na programação, no marketing, captação de recursos financeiros, de clientes/usuários e outros obstáculos, inclusive com mudanças de sócios. São emoções, sonhos, ações e reações em jogo.

Nossa vantagem é a criatividade brasileira. E o fato de a cultura startup possuir características de empreendedores – a maioria jovem – com estilo de gestão descentralizada, compartilhada e colaborativa. Mesmo assim, 25% das startups brasileiras fecham em um ano e a metade delas em quatro anos, em média, segundo levantamento feito em 2014, pela Fundação Dom Cabral.

Indicadores nacionais e internacionais mostram que a produção científica e o empreendedorismo vêm aumentando no Brasil. Porém, a inovação é um dilema. Quais as razões? São muitas. No centro dessa questão estão pessoas, responsáveis por projetos, programas e ações em pesquisas, nas tecnologias, nas inovações de empresas e organizações.

No campo da inovação, tudo pode ser compreendido como um projeto. Aliás, a vida do ser humano – em todas as suas instâncias – se encaixa na definição da palavra projeto. O ideal é vivermos com a cabeça nas estrelas, porém, com os pés no chão. O Coaching e o Mentoring são indicados para encontrar esse ponto de equilíbrio.

Afinal, Coaching ou Mentoring? Há três papéis para desenvolver pessoas: treinamento, Coaching e Mentoring. Há autores que defendem atividades conjugadas. Outros não. Na verdade, a figura do Mentor sempre prevaleceu, até meados do século XIX, quando os conhecimentos e princípios foram resgatados, melhorados e ampliados na Europa, com o termo em inglês Coach (guia, condutor, treinador). E o termo Mentor virou Mentoring.

Entretanto, o instrutor concentra-se na transferência de conhecimentos específicos e habilidades, conforme a lacuna existente na empresa. O Coaching tende a ser visto como mais orientado por tarefas, desenvolvendo competências de profissionais que já têm conhecimento, mas carecem de foco e resultados. É dirigido e limitado no tempo. Geralmente não ultrapassa a soma de dez sessões. O Coach não precisa, necessariamente, ser especialista na área de atuação do cliente. Já o Mentoring é mais voltado para o desenvolvimento pessoal continuado, à maturidade e aos talentos do indivíduo e sua retenção na empresa. As sessões (encontros) podem durar dias, meses ou anos. O mentor precisa ter conhecimentos específicos e experiência na área em que vai atuar. A melhor estratégia é reunir os dois modelos de forma integrada.

O Coaching e/ou Mentoring impulsionam a criatividade e a inovação na empresa e, consequentemente, a tornam mais competitiva. Tanto o profissional (Coach/Mentor) quanto seus clientes (coachee/mentorado) encontram-se, muitas vezes, no mesmo estágio e aprendem em conjunto. Ninguém sai incólume do processo. Ambos evoluem, identificando o propósito, criando consciência e proporcionando mais sentido à vida e aos negócios.

Neste cenário, nos especializamos para atuar na formação de Mentores em empresas startups e organizações de qualquer natureza, bem como adotar o Coaching Executivo baseado em projetos de inovação. É um modelo pragmático-holístico, que gera excelentes resultados nas organizações. Possibilita a gestão de projetos com ferramentas PMBOK, o Radar da Inovação e outras técnicas de gestão enxuta (aplicação pragmática), com a base nos processos Coaching e conjugado com Mentoring (holístico-sistêmico), englobando o sonho, o ambiente atual, a missão, os valores, a visão e os objetivos desejados.

Essa abordagem de gestão de projetos estimula e possibilita a gestão holocrática, horizontal e, também, o desenvolvimento de lideranças e mentores da inovação, de forma integral e integradora. Inspira a consciência e a sabedoria em organizações criativas, inovadoras e sustentáveis.

O poder do
Mentoring & Coaching

Ricardo Tóffoli

Qualidade de vida no trabalho:
a contribuição do comportamento seguro para a saúde das organizações

Ricardo Tóffoli

Coach pelo Instituto HOLOS, tendo realizado todas as formações: Life Coach, Máster Coach, Liderança Blue-U e Advanced.

Professor de Ed. Física pela Faculdade de Ed. Física da ACM de Sorocaba; especialista em Qualidade de Vida pela PUC e ABQV, da qual foi representante na região de Sorocaba entre 2009 e 2013; membro do Dep. de Medicina e Segurança do Trabalho do CIESP de Sorocaba; proprietário do Grupo Metha – QV Company, especializado em implantação e gestão de programas de qualidade de vida no trabalho, desenvolvendo atividades como ginástica laboral, ergonomia, gestão de clubes de empresa, esporte, lazer e fitness corporativo; Coach de Qualidade de Vida para pessoas e organizações.

(15) 3411-1475 / 99715-6077
ricardo@qvcompany.com.br
www.qvcompany.com.br

Atuo na implantação e gestão de programas para a promoção da qualidade de vida em diversas organizações desde 1997. Ao longo desses anos, pude confirmar tudo aquilo que centenas de pesquisas nacionais e internacionais comprovam sobre os ótimos resultados que boas práticas de saúde e bem-estar podem promover no ambiente de trabalho. Nesse contexto, destacam-se as ações de prevenção e combate às lesões e doenças ocupacionais, assim como aos acidentes de trabalho, responsáveis por imensos prejuízos físicos, emocionais, sociais e financeiros. Arcam com essa conta todas as partes envolvidas: estado, empresa, sociedade e, acima de tudo, o indivíduo.

As doenças mais comuns como LER – Lesão por Esforço Repetitivo, ou DORT – Doenças Osteomusculares Resultantes do Trabalho, lombalgias e bursites vêm sendo superadas pelos altos níveis de estresse e depressão. Enquanto as primeiras causam danos físicos, o estresse e a depressão comprometem seriamente a condição emocional. A soma disso tudo é a perda da motivação e outras tantas limitações que inibem a possibilidade de crescimento, desenvolvimento e sucesso do indivíduo. A empresa perde a sua capacidade produtiva e acumula enormes passivos.

Sendo assim, as organizações vêm se mobilizando fortemente para evitar tais problemas. Muitas ações já são observadas pela legislação, conhecidas como NR – Normas Regulamentadoras, como treinamentos em segurança, brigadas de incêndio, comitês de ergonomia, utilização de EPI – Equipamento de Segurança Individual. Muitas empresas possuem atendimento médico-ambulatorial e planos de saúde.

Outras ações vieram somar a esses esforços a ginástica laboral, que durante uma pequena pausa na jornada de trabalho oferece exercícios de alongamento, relaxamento e fortalecimento muscular como forma preventiva. A ergonomia ganhou muita força nos últimos anos corrigindo e melhorando os postos de trabalho no tocante a sobrecarga, repetição, postura, luminosidade, ruído etc.

Muitas empresas investem em áreas esportivas, dotadas de academia e espaços para descontração e lazer. Os clubes corporativos são uma excelente ferramenta de promoção de saúde e qualidade de vida, além de praticar valores importantes como amizade, integração social, identidade com a empresa, motivação, espírito de equipe e responsabilidade social.

De uma forma ou de outra, independentemente da ação ou do programa, o que todos buscam é uma organização saudável, segura, com um bom ambiente de trabalho, onde impere a paz e a harmonia. E isso tudo está fortemente relacionado ao "comportamento", ou seja, a atitude de cada um no sentido de promover segurança, saúde e harmonia. Aqui entra o Coach.

O papel do Coach na promoção da qualidade de vida no trabalho

Investir em treinamentos para que as lideranças aprendam a gerenciar melhor suas equipes é prática comum e amplamente utilizada. O foco maior é sempre o alto rendimento profissional, a produtividade, o desempenho do trabalho em equipe para alcançar os resultados que a empresa necessita e que são a razão da sua sobrevivência. As pessoas inseridas nesse contexto necessitam estar equilibradas, saudáveis e, acima de tudo: felizes!

Sendo assim, para a construção de equipes competitivas com ótimos resultados corporativos, o Coach ou mentor deve observar a quantas anda a qualidade de vida das pessoas envolvidas. Essa avaliação pode utilizar instrumentos simples e práticos na forma de questionários sobre os aspectos principais da qualidade de vida, como, por exemplo, a Roda da Vida, para uma análise e planejamento mais profundos, ou até informações médicas e laboratoriais para complementar a avaliação.

É muito importante que o profissional que atua nessa área esteja munido de todas as informações possíveis sobre a "pessoa". A empresa, por sua vez, deve entender que os seus objetivos só são alcançados por pessoas que apresentem condições mínimas de lutar por eles.

Qualidade de vida algumas vezes parece um simples produto que se encontra nas prateleiras de farmácias e supermercados. Outras vezes se confunde com malhação em academias e dietas milagrosas. Assim como também pode ser associada à condição econômica.

Na verdade, qualidade de vida é o resultado da "competência" que cada um tem no cuidado consigo próprio. É a competência em cuidar do físico, do emocional, do social e do espiritual. E, mais importante que isso, é entender para quê. Para sermos felizes. Não praticamos nem promovemos qualidade de vida pela qualidade de vida. A qualidade de vida só tem sentido se for um instrumento, um meio para alcançarmos nossa felicidade. Dessa forma holística, integrada por meio do pensamento sistêmico, é que o Coach pode contribuir imensamente. Alguém que age com qualidade de vida para a felicidade age em seu benefício, do próximo, do grupo e da sociedade. A empresa, entendida também como parte integrante desse todo e como um organismo vivo, será beneficiada por esse comportamento praticado por todos que nela vivem. Assim, a qualidade de vida das pessoas é a qualidade de vida da empresa e vice-versa.

Coach para um comportamento seguro

Como todos sabemos, o comportamento está intimamente ligado à cultura. As estatísticas mostram isso. Enquanto a média mundial de morte por acidente trabalho é de três para cada 100.000 trabalhadores, no Brasil chega a 16. Uma pesquisa do Instituto de Ensino e Cultura detectou que 73% dos acidentes de trabalho ocorrem por falta de atenção e a OMS avaliou que 70% deles ocorrem por conta do estresse. E é muito fácil correlacionar o estresse à falta de atenção, que leva à perda de foco e concentração, resultando na atitude negligente causadora do acidente.

Com relação ao estresse, podemos admitir duas fontes: pessoal e profissional. A primeira se refere ao estresse provocado por situações particulares, de cunho pessoal, familiar, da vida privada. Enquanto o profissional é gerado no próprio ambiente de trabalho por má gestão, questões organizacionais, conflitos entre trabalhadores, pressão por prazos e crises diversas. Independente da fonte, ambos merecem atenção dos gestores, pois as consequências são as mesmas.

A proposta que desenvolvemos utiliza algumas ferramentas do Coach que entendemos serem importantes para desenvolver a prática do comportamento seguro com o objetivo de promover a qualidade de vida e a prevenção dos acidentes e problemas ocupacionais.

Cosmovisão

Trabalhar a cosmovisão no comportamento seguro significa ampliar a visão sobre todo o evento do acidente: o antes, o durante e o depois. Procurar entender o que causou o acidente, como aconteceu e quais as reais consequências físicas, emocionais, sociais e financeiras. Na cosmovisão compreendemos o sistema como um todo e qual o papel de cada personagem envolvido. É o pensamento sistêmico sugerido por Peter Senge. Um dos principais objetivos é fortalecer o entendimento de que o sistema é único, as consequências atingem a todos e, portanto, a responsabilidade é de todos e não apenas do acidentado ou do departamento de segurança.

Quanto ao aspecto pessoal, desenvolvemos a noção da autorresponsabilidade, levando o indivíduo à compreensão da importância das suas atitudes para consigo próprio, estilo de vida e comportamentos ligados à saúde e qualidade de vida para evitar doenças e acidentes. Esse comportamento contribui não apenas para o próprio indivíduo, mas para toda a sociedade.

Foco

É a capacidade de nos concentrar, perceber o clima, nos ajustar e agir com clareza e ética e gerar o "tensor" positivo. É a busca constante do equilíbrio. O exercício de manter o foco é a principal ferramenta para combater a falta de atenção. Para tal, é importante ensinar as pessoas e as equipes a utilizar técnicas de centramento para criar um "tensor" positivo no ambiente de trabalho.

Essa ferramenta ajuda a evitar que uma mente perturbada por problemas diversos e pensamentos negativos provoque atitudes negligentes ou gere um ambiente conturbado e favoreça a perda do foco e da atenção.

Administração dos conflitos

O conflito é uma das principais causas de perturbação mental que prejudica o foco e a atenção.

Estudos como o realizado por Anna Nyberg, em conjunto com a Universidade de Estocolmo, Instituto Karolinska, Universidade de Londres e Instituto Finlandês de Riscos Ocupacionais, em 2009, comprovam que funcionários submetidos a um ambiente estressante têm risco maior de problemas cardíacos. Também foi comprovado que as causas do estresse no ambiente de trabalho estão ligadas à falta de habilidade dos gestores em lidar com as pessoas e à falta da boa capacidade de relacionamento entre elas.

Trabalho em equipe

Trata-se do complexo desafio de se promover bons relacionamentos interpessoais e intersetoriais com o objetivo de desenvolver a habilidade de geração de harmonia.

Principalmente em segurança, onde a vida e a integridade física estão em jogo, é fundamental o treinamento do trabalho em equipe para combater a atitude clássica "o problema não é meu".

O indivíduo precisa compreender claramente o seu papel como agente promotor não apenas da sua própria segurança, mas de toda a equipe, despertando nele o senso de responsabilidade, cooperação, solidariedade e cidadania. O treinamento do trabalho em equipe permite ampliar e fortalecer o arsenal necessário para combater o acidente.

Ação – Tomada de decisão

Os quatro estágios anteriores têm a sua atenção voltada aos aspectos comportamentais do indivíduo e da equipe. Neste estágio, é chegada a fase do planejamento, condução, direcionamento e gestão de processos. É a tomada de decisões sobre tudo aquilo que deve ser feito do ponto de vista técnico e comportamental.

É a fase de "arregaçar as mangas" e botar as coisas em prática. Sair do plano das discussões para as ações. Coordenar toda a equipe no sentido de atuar de forma eficiente e eficaz nas questões de segurança.

Podemos utilizar o modelo operacional da teoria da Organização Humana: Paisagem: onde fazer; Tempo: quando fazer; Personagens: com quem fazer, e Procedimentos: como fazer.

Conclusão

O Coach para um Comportamento Seguro é um trabalho extremamente gratificante, pois traz uma contribuição para uma área vital das organizações que é a segurança e a saúde do trabalho.

O grande e principal desafio é promover uma metanoia, ou seja, uma transformação mental que interferirá diretamente na cultura do comportamento das pessoas envolvidas nessa questão.

O poder do
Mentoring & Coaching

Roberto Silvio Santos

Superando a ansiedade com o Coaching

Roberto Silvio Santos

Com 17 de ade atuação na área de Recursos Humanos, mestrando em Gestão de Recursos Humanos e do Conhecimento pela Universidade Internacional Ibero-americana/Universidad Europea del Atlántico, formado em Gestão de Recursos pela Universidade Católica da Bahia, Coaching e Mentoring com visão holística pelo Sistema ISOR, coautor do Livro Liderança e Espiritualidade, pela Editora Leader, palestrante, conferencista de eventos corporativos. Especialista em implantação do Sistema de Qualidade 5S e Gestão de Qualidade ISO, 9001/2008, pós-graduado em MBA Executivo em Recursos Humanos e Psicologia Organizacional e do Trabalho.

roberto.jur@gmail.com
(71) 98655-0777 / 99961-7993

> *"Nada é tão lamentável e nocivo como antecipar desgraças."* **Sêneca**

Um homem caminhava pela praia numa noite de lua cheia. A paisagem era linda, deslumbrante, mas ele não conseguia ver nenhuma beleza naquele momento. Via apenas uma imensa escuridão... Ele estava preocupado demais, ansioso demais, triste demais. No meio do caminho, achou uma sacola, cheia de pedrinhas. Automaticamente, sem olhar para o interior da sacola, começou a tirar as pedras e jogá-las ao mar... Ele as jogava uma a uma no mar cada vez que dizia:

– Seria feliz se tivesse... - Era uma forma de demonstrar sua insatisfação e revolta com a vida. E assim ele disse:

– Se tivesse um carro novo, seria feliz... - jogando em seguida uma pedrinha ao mar...

– Se tivesse uma casa grande, seria feliz... - E lá foi outra pedrinha... Durante horas ele agiu desta forma, como se fosse um ritual...

– Se tivesse um excelente trabalho, seria feliz...

– Se tivesse uma parceira perfeita, seria feliz...

– Se tivesse um corpo perfeito, uma aparência melhor, seria feliz...

– Se tivesse outro trabalho, seria feliz...

– Se tivesse outra família, seria feliz...

– Se morasse em outro lugar, seria feliz...

Assim ele fez até que somente ficou com uma pedrinha na sacolinha, que decidiu guardar. Ao chegar em casa, para sua surpresa e tristeza profunda percebeu que aquela pedrinha se tratava de um diamante muito valioso. Você imagina quantos diamantes ele jogou ao mar sem parar para pensar?

Do mesmo modo, muitos de nós jogamos na lixeira da vida preciosos diamantes que com muito sacrifício conseguimos garimpar, não damos a esses tesouros o devido valor, permitimos que preocupações excessivas com o futuro e até mesmo a falta de paciência limitem nossa alegria de viver. Apegamo-nos freneticamente ao desejo de viver somente no futuro, achando que somente assim seremos verdadeiramente felizes em um suposto futuro que pintamos em nossas vidas, de forma limitante.

Qual o resultado de tudo isso? Uma vida marcada por preocupações e ansiedade, cuja emoção prevalecente é o medo, o medo de não estar no controle de uma determinada situação. Quando a preocupação excessiva com o futuro torna-se permanente em nossas vidas, nos furtamos de viver de forma plena o verdadeiro entusiamo da vida.

As preocupações com as ostentações dos meios de vida pode nos levar a uma vida pertubada, cheia de distrações e vitalidade, levando-nos até mesmo a adquirir problemas físicos e mentais, tudo isso resultado da vida que levamos em uma sociedade de excessos a qual nos sobrecarrega com informações que na maioria das vezes não conseguimos absorver. Excesso de cobrança, pressão no trabalho, na família, na comunidade nos torna reféns de nossa mente. É lamentável admitir, mas a maioria dos seres humanos está neste momento vivendo uma vida bombardeada por preocupações excessivas, não sabem se interiorizar e refletir sobre o verdadeiro significado da vida. As máquinas de entretenimento criadas pelo homem não são suficientes para arrancar o tédio de nossa vidas. Vivemos numa sociedade extremamente ansiosa, lastreada com uma mente preocupada e confusa. As preocupações têm levado muitos a uma vida de escuridão e sombras.

Essa situação tem alterado o ritmo de nossos pensamentos e como consequência tem afetado nossa saúde psíquica e emocional, roubando nosso prazer de viver e desfrutar plenamente uma vida cheia de tesouros preciosos. Se formos observar, a maioria da coisas com as quais nos preocupamos não acontece, sofremos por antecipação, o que nos priva da oportunidade de nos sentirmos bem e contemplarmos a beleza da vida e viver o aqui e agora.

A preocupação com tais coisas destrói a nossa felicidade por anteciparmos desgraças que na maioria das vezes estão muito distantes de acontecer e que talvez nunca acontecerem. O indivíduo ansioso se enrola com pensamentos caóticos, e exagera as consequências das coisas. A ansiedade movida por preocupações crônicas com o que poderá ocorrer de ruim com a vida revela-se através de pensamentos apreensivos, tais pensamentos são voltados para a ameaça de que poderá ocorrer alguma coisa de ruim em sua vida, como a probalidade de perdas, fracassos ou até mesmo vergonha. Sabe-se que todo mundo se preocupa, mas existem pessoas com predisposição à ansiedade e que se preocupam muito com qualquer situação.

Muitas vezes tentamos lutar contra tais pensamentos, porém, eles continuam a preexistir, o que prejudica a nossa capacidade de concentrar-mo-nos, relaxar ou desfrutar as coisas boas que a vida tem a nos oferecer. Esta situação tem sido classificada por alguns especialistas de saúde mental como a síndrome do "e se", sendo esta uma característica do indivíduo de se concentrar nas possibilidades de que coisas ruins poderão acontecer em sua vida – "E se eu perder o emprego?" E se eu sofrer um acidente? E se eu não conseguir sobreviver a uma doença? E se eu perder todo meu dinheiro?"

Mas o que é ansiedade? É possível nos libertarmos da escravidão das preocupações excessivas? Como o Coaching poderá nos ajudar a gerenciar nossos pensamentos, melhorando a nossa qualidade vida, tornando-nos pessoas mais sóbrias e felizes?

Antes de entrarmos em qualquer discussão acerca da ansiedade, é de bom-tom esclarecer que nem toda ansiedade é ruim pois esta é inerente ao ser humano e serve como um alarme para nosso organismo. Todavia, quando esse alarme passa a ser ativado de forma desequilibrada e frequente, taí o que chamamos de transtorno da ansiedade. Ela é a percepção de que algo ruim pode acontecer a qualquer momento. É um mecanismo de proteção e de defesa do nosso organismo. O problema acontece quando perdemos o controle da nossa ansiedade, o que nos leva a ter problemas cognitivos, comportamentais e até dores físicas. Hoje, esse mal já afeta milhões de pessoas em volta do mundo, sendo mais comum em grandes cidades e em pessoas com vida profissional ou social muito movimentada. A ansiedade é geralmente tratada por meio de remédios controlados, mas, como uma doença que atinge a mente, também deve ser tratada com acompanhamento de algum profissional, como psicólogo ou psiquiatra.

Talvez neste momento, caro leitor, você esteja sofrendo de algum problema de ansiedade movido por preocupações excessivas com o futuro. O fato em questão é: todos nós somos conduzidos por desejos e sonhos, contudo, entre tantos sonhos e desejos precisamos definir o que é realmente essencial para vivermos uma vida plena, gozando de boa saúde emocional. Enquanto não nos interiorizamos para esta descoberta sofreremos com uma vida angustiada, marcada por sensações de frustração, que tem como fator gerador as dificuldades que encontramos em definir o que realmente é prioridade em nossa vida.

Se você neste momento se sente extremamento ansioso por preocupações com o que fazer de sua vida, anime-se! O Coaching poderá lhe mostrar um caminho que levará ao caminho para livrar-se dos transtornos de ansiedade.

O poder do Coaching no combate à ansiedade

O Coaching estabelece um liame com o indivíduo e seu objetivo, através de metas, definição de planos e ações coordenadas. Mas o que tudo isso tem a ver com ansiedade? A resposta é única: está umbilicalmente ligado! Digo isso porque na grande maioria das vezes a causa da ansiedade é a crença não verossímil de que não será possível realizar os objetivos ou expectativas que temos na vida. Pronto, é a partir deste ponto que entra o Coaching, como um instrumento eficaz, porque utiliza metodologia para ajudar o cliente a realizar seus objetivos e alcançar os resultados almejados.

O Coaching poderá ser um grande parceiro no processo de controle da ansiedade. Uma vez que possibilita ao indivíduo fazer escolhas convergentes com a sua vontade de estar menos ansioso para a condução da vida. Um exemplo disso é identificar ações que leve o coachee para um estado de mais tranquilidade e centra mento. Essas ações poderão ser implementadas no dia a dia do coachee. O Coaching ajudará o coachee a identificar os fatores geradores da ansiedade identificando as causas, possibilitando ao o coachee o tratamento adequado junto com profissionais das áreas de saúde mental, nos casos em que tais transtornos de ansiedade estiverem em um grau tão elevado. A ansiedade se controla por inúmeras ferramentas e é nosso papel identificar qual delas faz mais sentido para o cliente, de modo que minimize os efeitos da ansiedade.

Minha Experiência: desde a infância fui uma criança extremamente ansiosa e preocupada demais com as tragédias do futuro, deixava de viver o momento presente e desfrutar até de momentos maravilhosos que a vida me havia proporcionado, até que na idade adulta percebi que meu estado de ansiedade estava em um nível muito elevado, cheguei ao ponto de sentir fortes dores musculares, insônia, aperto no peito, palpitações no coração, e até mesmo certos problemas de concentração, até que comecei a pesquisar sobre o assunto e cheguei até o Coaching mediante um curso de formação nesse método, inicialmente com a ideia de praticar o autocoaching em minha própria vida. Foi um grande salto, conduzindo-me a mudanças de atitudes e comportamentos diante das crises de ansiedade.

O Coaching me incentivou a questionar cada um dos meus funcionamentos, me permitiu fazer escolhas convergentes, limitando as preocupações que sufocavam minha vida. Através do processo de Coaching passei a identificar ações que deveria adotar para vencer a ansiedade, fui estimulado a buscar o estado de centramento, aprender a viver o aqui e agora com autoconsciência, foi como se todos os padrões mentais que até então havia concebido tivessem sido desprogramados.

Embora tivesse convicções bem sólidas na vida, me permite ser escrutinado pelo método socrático, levando-me a certos questionamentos que foram salutares para enxergar minha situação atual e aonde queria chegar. Neste caminhar foi necessário abandonar certos padrões e estabelecer um plano de ação para minha vida. Também foi necessário buscar ajuda na psicoterapia, uma vez que minha situação já estava em um grau muito elevado, foi necessárío até mesmo fazer uso de medicações para o controle deste terrível transtorno generalizado conhecido na literatura médica como TAG (Transtorno de Ansiedade Generalizada). O Coaching foi fundamental para me ajudar a encontrar outros caminhos para lidar com este desafio.

Diante de tal situação, o Coaching foi de grande ajuda para aprimorar minhas potencialidades que já existiam e estavam imperceptíveis, para que estas funcionassem a meu favor, e foi bem além das expectativas, comecei a apreciar o que a vida tinha de bom, comecei a alcançar de maneira clara e funcional os objetivos pré-definidos. À medida que avançava com os estudos das agendas do Sistema ISOR do curso de Formação de Coaching do Instituto Holos, minhas habilidades foram desenvolvendo-se, comecei a ampliar minha visão, que estava totalmente ofuscada, e mudei a maneira de ver o mundo, ter uma atitude prestadia, e manter-me centrado.

O resultado foi supreendente: tornei-me uma pessoa mais equilibrada, aprendi a catalisar boas energias para não estar sobregacarregado com as ansiedades da vida. Mas uma coisa foi crucial: o Coaching é para quem quer genuinamente evoluir, quebrar paradigmas internos e assumir a responsabilidade por uma vida mais assertiva e alinhada com valores pessoais. Hoje sou muito mais feliz e sem dúvida o Coaching foi a ferramenta fundamental para a conquista de uma vida plena e saudável e muito mais centranda para viver o aqui e agora.

Sem sombra de dúvida o Coaching é uma prática que traz incontáveis benefícios para quem pretende eliminar a ansiedade. Os conhecimentos, técnicas e pesquisas inovadoras do Coaching permitem que o coachee reflita sobre suas habilidades, capacidades e projetos e sonhos, ou seja: permite que apenas o que é relevante para si permaneça em seus objetivos, compreendendo que não é possível se sujeitar às expectativas alheias, se estas não são importantes para ele.

Através do processo de Coaching o coachee deve perceber que a ansiedade se instaura quando são aceitas mais atribuições do que é possível suportar. Definir os objetivos, o que é prioridade para tornar sua existência feliz, e as metas – que endireitam o caminho até a realização deles, planejando todos os passos de acordo com a disponibilidade e urgência para a concretização do sonho – é o que desfaz as más sensações da ansiedade. Por outra banda, é bom deixar claro que o processo de Coaching não se resume a guiar o coachee para pontencializar seus recursos para o atingimento de metas, o tempo e o imprevisto sobrevêm a todos, mas certamente você estará pronto para viver o aqui e agora de forma mais centrada e aprenderá a lidar com a imprevisibilidade da vida, pois esta é probalística. Isto porque a nossa vida por si só é repleta de dúvidas, incertezas, pois não temos garantia de absolutamente nada.

Um método que utilizo como ferramenta para enfrentar as preocuções que nos deixam tão ansiosos com a vida é o de questionamento socrático. Quando estivermos em um estado muito ansioso, nossos pensamentos tendem a ser desvirtuados, e passamos a nos concentrar nas situações em que predomina a emoção do medo, e valoramos os cenários catastróficos.

A técnica do metódo socrátito poderá ser uma excelente ferramenta para as avaliações dos pensamentos que lhe causam preocupações. Pense num problema que o está preocupando neste momento, use as perguntas abaixo para avaliar e questionar seus pensamentos preocupantes sobre esse problema. Quando terminar, releia suas respostas e observe qualquer mudança em seu nível de ansiedade.

1. Descreva a situação que o preocupa.
2. O que teme especificamente que poderá acontecer?
3. Classifique a probabilidade de isso acontecer (de 0 a 100%).
4. Os fatores reais apoiam seus pensamentos preocupantes?

5. Que fatores não o apoiam?

6. Se o pior acontecesse, quais ações empreenderia?

7. Em termos realistas, qual a pior coisa que pode acontecer?

8. Qual a melhor coisa que pode acontecer?

9. Qual a mais provável de acontecer?

10. Existem ações úteis que você pode empreender já?

11. Que diria a um amigo que estivesse na mesma situação?

12. Em termos realistas, reavalie a probabilidade de seus medos acontecerem (de 1% a 100%).

Existem outros meios de nos fortalecer, de olhar e viver a vida com bons sentimentos, sem angústia, sem ansiedade, cabe a cada um de nós encontrar o melhor caminho.

Priorize-se

Definir prioridades é uma maneira de cuidar de si, pois traçar o que é realmente relevante trará diversos benefícios, especialmente em longo prazo. E existem algumas etapas que facilitam esse processo.

Durante a definição dos sonhos mais importantes, não se deixe influenciar pelos problemas, pois eles sempre existirão. Invista seu tempo em soluções e não confirmando, apenas, os empecilhos que estão no caminho.

Defina prioridades

O Coaching, com suas técnicas e ferramentas, é o parceiro ideal para quem deseja definir prioridades e traçar o caminho do sucesso e da felicidade. O Coaching incentiva o indivíduo a refletir sobre o momento atual e, a partir dele, concluir os planos para o futuro, ressaltando, sempre, os projetos prioritários.

O processo de Coaching promove o encontro com outras possibilidades, ou seja: são apresentadas diversas formas de atingir um mesmo objetivo. Dessa forma, a pessoa estará mais preparada para definir suas metas e pensar na melhor maneira de colocá-las em ação.

A realização e o sucesso precisam, como tudo que desejamos que dê certo, de planejamento e lucidez para os passos permanecerem na trajetória correta e o Coaching é o processo ideal para quem procura acelerar os resultados positivos.

Técnicas de relaxamento

Ter consciência do próprio imaginário pode por si só eliminar ansiedades. Outra solução-minuto é fazer o seguinte:

"Relaxe os ombros e respire tranquilamente, estabeleça referências do momento presente, olhe em volta, escute alguns sons, preste detida atenção em algumas sensações do seu corpo. Agora feche os olhos e pense em um evento sobre o qual você está ansioso ou com medo. Saia do momento presente e mentalmente se desloque para o futuro – um minuto após a conclusão do evento sobre o qual você está ansioso (garanta que o evento terminou de maneira satisfatória para você). Agora, vire-se e olhe à frente. Abra os olhos."

Após executar o procedimento acima, tente sentir alguma ansiedade; é provável que você esteja rindo, a reação mais comum quando se usa este método. Medo e ansiedade não existem fora do tempo.

Espero que essas dicas tenham sido úteis para sua vida e, assim como eu, você possa desfrutar o poder transformador do Coaching em sua vida. Vale a pena conferir! Chega de jogar diamantes na lixeira da vida, encontre a chave para direcionar sua vida, sua carreira, desenvolvendo novas atitudes que sem dúvida farão a diferença na realização dos seus sonhos. Viva o aqui e agora e usufrua entusiasticamente a beleza da vida.

O poder do
Mentoring & Coaching

Rogério Bohn

Conversando sobre Coaching

Rogério Bohn

Administrador e Engenheiro Civil, com especialização em Informática em Educação e Gestão de Micro e Pequenas Empresas e Mestrado em Administração, na área de Recursos Humanos. Formação em Coaching em Professional, Master e Advanced pelo Instituto Holos. Atua na área de consultoria e treinamento, sendo diretor da empresa Tempus Consultores; professor universitário em graduação (ESPM Sul e Faculdade SENAC/RS) e professor convidado em diversos programas de pós-graduação (UNISC, UNILASALLE, IENH, FACCAT, IDG, SENAC/RS, FTEC). Foi vice-presidente da AJE/POA – Associação de Jovens Empresários de Porto Alegre; presidente da FAJE/RS – Federação das Associações de Jovens Empresários do RS; vice-presidente da CONAJE – Confederação Nacional de Jovens Empresários; conselheiro da Comissão Municipal de Ciência e Tecnologia da Cidade de Porto Alegre/RS; membro do Fórum de Líderes da Gazeta Mercantil/SP; membro do MONAMPE – Movimento Nacional da Micro e Pequena Empresa; membro da coordenação executiva da União Empresarial do RS; membro da Comissão Estadual de Emprego do RS; membro da comissão de políticas públicas para a juventude/RS; vice-presidente da cooperativa de crédito SICREDI União Metropolitana/RS; vice-presidente Financeiro e de Relações Externas do CRA/RS. Autor do livro Destino? Sucesso! – Grandes vitórias nas pequenas batalhas.

(51) 9982-9425 / rogerio.bohn@tempus.adm.br

Nenhum caminho que não venha de dentro é verdadeiro. Muito mais do que uma frase de autoajuda esta é uma das premissas mais fundamentais que um Coach deve ter ao buscar apoiar os seus clientes, também chamados de coachees.

Cada pessoa tem a sua própria caminhada pessoal e profissional. É certo que em muitos momentos pode ser necessário que ela busque algum tipo de suporte para melhor atingir os seus objetivos, ou mesmo para poder definir com mais clareza quais são estes objetivos, que podem não ser tão claros ou tão explícitos. Os caminhos a serem seguidos, a interpretação dos fatos que estão acontecendo no dia a dia da organização ou mesmo do cenário macroeconômico e suas implicações em sua própria carreira e nas novas decisões que isso pode tornar necessário tomar.

Vivemos em um momento de grande volatilidade em que os fatos políticos, econômicos e sociais trazem importantes efeitos para as organizações e para as pessoas que trabalham nelas, em uma velocidade cada vez maior. Na era da globalização e das comunicações instantâneas, o que acontece em um local remoto do globo, mas que pode vir a ter influência no negócio em que a organização está envolvida, certamente trará algum tipo de câmbio. E a dúvida, a necessidade de repensar pode surgir de forma inesperada, ou mesmo repentina.

O interessante é que este tipo de situação não acontece somente com profissionais iniciantes ou mesmo com alguém que está em uma mudança importante dentro de sua vida profissional.

Ao contrário. A necessidade de se buscar um aconselhamento profissional é algo que surge mesmo para os profissionais mais experientes, mesmo para quem tem muitos anos de trabalho em uma mesma função. Pessoas que têm uma longa caminhada profissional e uma grande vivência podem vir a ter muitas responsabilidades, inclusive a de manter a integridade de sua equipe e de seus projetos. E a carga disso pode ser muito pesada para este profissional que exerce o papel de um decisor ou modelo para os demais.

Assim, quem está acostumado a ter cargos de alta responsabilidade em suas atividades também pode vir a obter benefícios através de um processo de Coaching. Sabe-se que, quanto mais importante o cargo que a pessoa ocupa, mais solitárias são as suas decisões, e maiores as consequências delas. Normalmente é difícil para um profissional em topo de carreira ou em importantes cargos poder conversar com outros profissionais sobre as suas decisões, sobre os seus caminhos, ou mesmo sobre as suas dúvidas.

Sabemos que a liderança pressupõe que os subordinados percebam valor no líder, o respeitem e mesmo o vejam como exemplo a ser seguido. Independente do estilo de liderança do profissional, as responsabilidades das suas ações e as consequências dos seus atos são muito abrangentes.

Deste modo, alguns dos profissionais que têm responsabilidade de gestão de equipes encontram dificuldade em demonstrar algum tipo de fraqueza, e entendem que uma conversa sobre rumos ou decisões, ou mesmo dúvidas, com pessoas ligadas às suas equipes poderia ser um sinal de fraqueza. Assim, evitam fazer isso. Por outro lado, discutir este tipo de questão com colegas de cargos semelhantes pode ser complicado também na visão de grande parte destes profissionais, pois pode acabar fornecendo elementos que futuramente poderiam ser usados contra eles mesmos em alguma disputa por promoções ou por novos cargos. Todas as organizações têm as suas relações de poder e os interesses das pessoas podem de alguma forma estar subordinados a alguma destas questões. Isso pode dificultar o diálogo mais profundo entre profissionais de mesmo nível hierárquico, em especial se poderão de alguma forma concorrer por alguma questão interna. Isso torna bem mais difícil a construção de confiança e abertura para falar sobre dúvidas ou inquietações.

Conversar com superiores, quando estes existem, quando não se está no topo da pirâmide, pode não ser simples para estes profissionais também. Existe a questão de acesso a estes que nem sempre é fácil, e também a forma que os superiores podem vir a receber uma iniciativa de um subordinado nesse sentido.

Muitos profissionais têm receio de que, ao demonstrar dúvidas, questionamentos ou algum tipo de incerteza para seus superiores, estariam abrindo caminho para uma futura substituição por algum outro profissional que não demonstre tais questões. Também existe o receio de que ao buscar um momento para conversar com o superior sobre estes temas se esteja 'invadindo' o espaço do superior, utilizando o seu tempo ou mesmo congestionando mais a sua agenda.

Claro que a liderança ideal, e as equipes de alto desempenho, que são preconizadas hoje dentro do pensamento dominante de formação de grupos de trabalho, pressupõe que existam tais liberdades dentro de um grupo que trabalha conjuntamente, e que se possa conversar e crescer sem receio. Aliás, esta é uma das tarefas de um líder-Coach. Mas sabe-se que, na prática, muitos profissionais têm dificuldade realmente de fazer isso.

Em todos os casos, seja nas relações profissionais de colateralidade ou verticais, existe outro ponto a ser enfrentado. Mesmo que exista uma cultura organizacional onde a confiança estabelecida e o nível de liberdade entre as pessoas seja elevado, o fato é que estas discussões mais profundas podem simplesmente não ser viáveis por falta de condições de se ajustar uma agenda conjunta entre as partes para sentar em um local e momento adequado, livre das pressões do dia a dia, livre dos telefones, clientes e demais interessados. Sabe-se que a prioridade será sempre o atendimento aos clientes, ou os projetos que estão sendo desenvolvidos, de modo que estas discussões, embora importantes, podem cair em um baixo grau de prioridade para o grupo, por mais que individualmente possam ser muito relevantes.

Assim, como estes profissionais experientes podem discutir as suas questões, ou repensar os seus caminhos, analisar as suas decisões, encontrar os seus suportes para superar os novos desafios, se não se sentem à vontade para conversar sobre estes temas com seus subordinados, seus colegas ou seus superiores, ou se não existem condições de buscar uma agenda e local adequados para fazê-lo ?

Um Coach pode ser um dos caminhos para facilitar este momento de repensar, de rediscutir, de reavaliar, ou mesmo simplesmente de refletir sobre os caminhos, os rumos, as decisões, sem aquele receio de demonstração de algum tipo de fraqueza para seus subordinados, colegas ou superiores. O Coach que atua nesta área vai poder ouvir este profissional e, através de ferramentas adequadas, auxiliá-lo no processo que ele busca.

Uma das vantagens deste tipo de situação é a confidencialidade das discussões que são feitas e das soluções que vão emergindo dentro de todo o contexto. Uma vez estabelecida a relação de confiança entre o Coach e o cliente, cada vez mais profundas podem ser as reflexões e discussões, e cada vez mais abrangentes as soluções ou caminhos que podem vir a ser oferecidos. Estas discussões seguem sempre um caminho e um planejamento organizado pelo Coach, de modo a buscar gerar as mais intensas reflexões que sejam possíveis dentro do momento de vida do cliente. Mas um Coach experiente sabe que mudanças de rumo podem e devem ser feitas durante o caminho de orientação para atender expectativas momentâneas emergentes do seu cliente, para enfrentar questões pontuais, ou mesmo para auxiliar na condução de um momento particularmente turbulento. Isso é naturalmente feito, e posteriormente é retornado ao caminho previamente estruturado pelo Coach.

Não existem regras absolutas sobre a condução de um processo de Coaching, em especial com profissionais de grande experiência ou de importantes posições hierárquicas. Claro, as regras da ética e da confidencialidade prevalecem em quaisquer situações, mas o fato é que não há como se imaginar que tudo o que foi desenhado por um Coach em termos de um cronograma ideal de enfrentamentos de situações e de construção de soluções será atendido exatamente como planejado. Haverá necessidade de ajustes ao longo da caminhada conjunta.

Aliás, esta caminhada previamente estruturada pelo Coach é naturalmente apenas um esboço de jornada, sem o qual se torna muito complicado o andar conjunto. Mas, para um cliente com ampla experiência ou responsabilidade, uma das preocupações que pode surgir é justamente a condução dos trabalhos serem feitas de modo mecânico, algo como apenas um roteiro a ser seguido para um resultado específico e genérico.

Importante demonstrar para o cliente desde o primeiro momento que a caminhada será construída conjuntamente a cada instante. Que não existe nenhum tipo de solução milagrosa ou de encaminhamento único que sirva para todas as pessoas que venham buscar aconselhamento profissional. O que existe é a necessidade de o Coach ser flexível o suficiente para perceber em seus clientes a necessidade do momento, sempre com uma visão estratégica e holística, mas nunca com fórmulas prontas.

Do mesmo modo que um profissional experiente, com grandes responsabilidades e com grande competência, pode em determinado momento não ter clareza a respeito dos caminhos ou das decisões profissionais sobre como enfrentar determinadas situações, o Coach por si não terá as respostas para as perguntas que venham a se estabelecer.

O papel do Coach não é fornecer as respostas, até porque não se pode imaginar que um profissional possa vir a ter condições de fornecer respostas adequadas para todos os problemas que venham a ser formulados. Além disso, como foi dito no início, "nenhum caminho que não venha de dentro é verdadeiro". Se fossem trazidas respostas por parte do Coach em discussões que se estabelecem em um programa de aconselhamento, estas não teriam vindo "de dentro" do cliente, e portanto não seriam necessariamente adequadas para enfrentar a situação posta.

O que o Coach vai procurar fazer ao longo das discussões é utilizar seu conhecimento técnico e suas ferramentas para criar o ambiente e as condições de modo que, conjuntamente com seu cliente, possa vir a gerar as melhores reflexões e, se possível, soluções para todos os pontos que venham a ser levantados dentro dos momentos de aconselhamento. O Coach vai servir como um facilitador, como alguém que pode vir a auxiliar nas reflexões e nos encaminhamentos, auxiliar na geração de reflexões, de pensamentos e de soluções, por parte do cliente.

Somente desta forma aquilo que for discutido dentro dos momentos de aconselhamento poderá ter verdadeiro significado para o cliente e poderá auxiliá-lo em sua caminhada. Somente aquilo que for trazido de dentro do próprio cliente, baseado nas conversas, nas discussões, nos pensamentos e na elaboração conjunta pode vir a ser de fato aplicado no dia a dia pessoal e profissional e ser útil e aplicável no seu trabalho.

O processo de Coaching e de mentoria para todos os profissionais, mesmo para os mais experientes, desde que orientados por um Coach também experiente em suas atividades e com a necessária flexibilidade, pode ser um dos processos mais efetivos e interessantes no crescimento e desenvolvimento de carreira e de fortalecimento de posições de liderança e de aprimoramento de projetos. A capacidade de geração de novas ideias e de novas soluções para velhos problemas, ou mesmo a possibilidade de desenvolver melhores condições para enfrentar novos pontos ainda não conhecidos, está dentro de cada pessoa. Está disponível a todos. O papel do Coach é auxiliar o seu cliente no processo de acesso destas questões, ou de orientação para que ele possa vir a desenvolver-se adequadamente para poder enfrentar estes pontos.

A orientação sobre como poder acessar da melhor forma aquilo que já se tem, ou como buscar aquilo que se precisa, para lidar com as questões que se apresentam. Isso é o Coaching.

O Coaching é um dos modelos de acompanhamento mais poderosos para estabelecer uma caminhada mais suave e mais efetiva dentro do campo profissional. Para todo tipo de profissional e para todos os níveis de poder de decisão.

O poder do
Mentoring & Coaching

Vanderlei Heloany

Atuação do Mentoring e do Coaching para executivos

Vanderlei Heloany

MBA em Gestão Estratégica pela USP e advogado graduado pela UBC.
Certificado em Relações Trabalhistas pela PUC-COGEAE, Advocacia Previdenciária pela ESA-OAB, Certificação Internacional (Holo) Mentoring® & Coaching ISOR® pelo Instituto Holos, International Assignment e Global Management Skill pela RW³ CultureWizard-USA. Professor da FGV em cursos da área de gestão de pessoas. Palestrante, consultor empresarial e Coach/Mentor em desenvolvimento de executivos.
Foi membro do GT de Ética e Governança Corporativa da Câmara Brasil-Alemanha, Conselheiro do CIESP e negociador do SIP e SINDUSFARMA. Ocupou cargos de direção em empresas nacionais e multinacionais, nas áreas de Desenvolvimento Organizacional e Recursos Humanos.

vanderlei.heloany@hotmail.com

Introdução

No mundo corporativo atual, os executivos cumprem papel fundamental de liderança, porém, diante das grandes dificuldades que este mercado enfrenta, e devido ao grande avanço tecnológico que surge dia a dia, um dos maiores erros das empresas é acreditar que todos os seus executivos (de alto escalão ou não) são líderes natos e estão sempre preparados para enfrentar os desafios diários e utilizar as novas tecnologias que surgem, não necessitando de qualquer tipo de acompanhamento ou auxílio técnico para o desenvolvimento do seu trabalho.

A verdade é simples! É essencial que estes profissionais sejam auxiliados para conseguirem aumentar sua produtividade e capacidade profissional, sendo assim, o Mentoring e o Coaching se tornam estratégias fundamentais, muito utilizadas atualmente, para o sucesso da gestão dos executivos, já que estas práticas são facilitadoras da gestão de pessoas.

Neste contexto, entende-se que, para que haja crescimento nas empresas, é necessário que elas se tornem espaços de aprendizagem onde exista interação entre os processos individuais e coletivos, e é com este objetivo que são utilizadas as estratégias de Mentoring e Coaching, já que a primeira preocupa-se com o desenvolvimento profissional do executivo, com o acompanhamento de sua carreira de forma técnica, emocional e estratégica; e a segunda preocupa-se em utilizar metas e estratégias claras para atingir um objetivo específico, além de desenhar ações que contribuam para o desenvolvimento das pessoas e, consequentemente, das empresas. Portanto, a utilização das duas juntas, de forma adequada, auxiliará na obtenção de resultados satisfatórios tanto para os profissionais quanto para as empresas, já que haverá aprendizagem e compartilhamento de conhecimentos, o que levará ao crescimento como um todo.

Vejamos, então, do que consistem estas técnicas separadamente.

Mentoring

É cada vez mais frequente nas empresas, principalmente norte-americanas, a utilização de um "mentor" para auxiliar no desenvolvimento profissional de seus empregados. Este mentor é um profissional mais experiente, que, devido à sua senioridade, liderança e reconhecimento profissional, torna-se padrinho de um profissional mais jovem (mentoreado) e atua como orientador deste, trabalhando para desenvolver o potencial que ele tem, auxiliando-o a adotar as melhores práticas para o crescimento e desenvolvimento de sua carreira na organização.

Um mentor é aquele que orienta, aconselha e aponta as direções certas a serem seguidas. Ele é um guia, um motivador, aquele que ajuda o mentoreado a desenvolver capacidades, adquirir conhecimentos e aumentar a sua competência. O mentor transmite o seu saber e está disposto a caminhar junto com o seu mentoreado enquanto ele desejar aprender e crescer. Ele não decide, ele orienta; ele não dá respostas, ele convida à reflexão, ou seja, ele forma um profissional que poderá caminhar sozinho no futuro.

A atuação do mentor deve ser estruturada, e não pode ser comparada com o antigo método de transmissão de conhecimento feito nas fábricas, no qual o operador transmitia para os novatos seu conhecimento empírico sobre a máquina e como operá-la.

Quando falamos em desenvolver o potencial de um profissional, podemos considerar três dimensões de desenvolvimento: pessoal, profissional e de carreira.

Na primeira dimensão temos um mentor que deve atuar como conselheiro, amigo mais velho; para a segunda dimensão é necessário um mentor que seja um bom profissional, exemplo de ética, com amplo know-how e conhecimento na área em que atua, talvez até um pioneiro. Já com relação à terceira dimensão, o desenvolvimento da carreira, é necessário um mentor com grandes conhecimentos relacionados às políticas e diretrizes profissionais da empresa. Este mentor poderia ser o próprio chefe hierárquico do profissional ou um gerente de Recursos Humanos. Na prática, um bom mentor é aquele que atende às necessidades destas três dimensões.

Segundo o Lions Mentoring Program, "o verdadeiro líder é aquele que é capaz de desenvolver as pessoas a um nível tal que estas o possam ultrapassar em conhecimentos e capacidades" - e este é o preceito do Mentoring, uma aprendizagem construída através de um relacionamento entre mentor e mentoreado, o qual é baseado na confiança plena e na compreensão, em prol do desenvolvimento do mentoreado pelo mentor, sendo este último um verdadeiro líder, capaz de formar novos líderes.

A prática correta de Mentoring auxilia no crescimento e desenvolvimento da empresa, já que, para que estes crescimento e desenvolvimento ocorram, é imprescindível que a empresa possua líderes verdadeiros e competentes.

Coaching

A palavra Coaching vem do Inglês coach, que se refere a um "tutor particular", aquele profissional que tem um conhecimento diferenciado e que pode atuar na preparação de alguém para uma atividade específica.

O Coaching, diferentemente do Mentoring, é tido como um estilo de gerenciamento de pessoas, que conta com metas bem definidas e utilização de ações específicas para a solução de uma necessidade em especial da pessoa ou do profissional. Já o Mentoring preocupa-se com o crescimento profissional e pessoal do indivíduo como um todo, com o desenvolvimento da sua carreira, preocupando-se com aspectos emocionais, técnicos e estratégicos.

O Coach não é um amigo, um companheiro, um conselheiro, um chefe, mas sim uma pessoa que visa preparar um profissional em particular para um trabalho específico. Ele é uma pessoa muito bem preparada, com muita experiência de vida pessoal e profissional, que pode ter sido bem ou malsucedida, com sólidos conhecimentos acadêmicos, de gestão de pessoas e comportamentais. É um profissional que precisa construir uma relação de muita confiança com o seu cliente, ter conhecimentos multidisciplinares, ser ético e íntegro. Ele utiliza as melhores práticas do mercado em questão em prol de objetivos claros.

O trabalho de Coaching dura, em média, de três a quatro meses. Geralmente, são feitas sessões de Coaching que podem durar entre uma ou duas horas, presenciais ou não, e os resultados dependem dos clientes e são notados por eles. O objetivo do Coaching é ajudar os clientes a maximizar os seus resultados. Preocupa-se com o desenvolvimento humano e profissional, apoiando os profissionais com o objetivo de utilizar da melhor forma possível os recursos existentes para a obtenção dos melhores resultados.

Em primeiro lugar, é necessário definir as necessidades específicas do cliente, o que pode envolver áreas diversas, como trabalho em equipe, liderança, comunicação, gestão de tempo, entre outras. A partir daí o Coach atua como um olho externo que ajudará no desenvolvimento do autoconhecimento, sendo um estímulo ao desenvolvimento contínuo e à estabilização do mesmo. O objetivo maior é o autoconhecimento que leva à autossuficiência do cliente.

O Coaching traz o direcionamento diante das dificuldades naturais que acontecem diariamente. Tudo é profissionalizado, não havendo interferências pessoais que possam atrapalhar o dia a dia dos processos.

Existem diferentes tipos de Coaching: executivo, pessoal (ou de vida), de performance.

O primeiro visa ajudar os executivos a definirem metas de trabalho, missões da empresa no mercado etc. Trabalha a otimização da performance dos executivos no mercado de trabalho. O Coaching pessoal ocupa-se de todas as áreas da vida pessoal do cliente, ajudando-o a alcançar metas de vida, que podem ser na área de saúde, relacionamento, finanças, carreira etc. Já o Coaching de performance tem o objetivo de ajudar o cliente a melhorar as habilidades pessoais que possui, e aumentar a sua produtividade.

O Coaching pode ser interno, externo e em equipe. No Coaching interno há limitações devido à dificuldade de manter isenção frente a assuntos confidenciais, e a manter confiança, isenção e neutralidade, além de haver uma percepção contaminada pela cultura organizacional vivida. Por outro lado, no Coaching externo não há familiaridade com a cultura organizacional da empresa, portanto, há uma visão parcial da empresa. No Coaching em equipe é preciso preocupar-se com a individualidade de cada profissional e é necessário tempo para que seja possível analisar cada um e identificar o que precisa para o seu aprimoramento.

Em todos os casos é preciso saber lidar com pessoas e com o trabalho em equipe, o que é primordial dentro de uma empresa, pois esta é constituída de vários profissionais que precisam trabalhar juntos para o desenvolvimento da mesma.

Importância da aplicação das práticas de Mentoring e Coaching

Um líder bem preparado é um líder justo, forte nas ações e equilibrado nas decisões. Ele é enxergado como ícone, capaz de levar a sua equipe aos lugares necessários para o sucesso de sua organização. E assim devem ser os executivos: grandes líderes, capazes de levar suas empresas aos maiores patamares possíveis, alcançando a excelência de seus serviços, sendo, acima de tudo, profissionais equilibrados, que conseguem fazer do dia a dia de trabalho de sua equipe um desafio prazeroso, com todos sabendo os seus papéis, sem disputas desleais.

Os executivos dos tempos atuais não podem errar na condução dos seus comandados simplesmente por um desejo ou vaidade pessoal. Isso necessita ser eliminado do perfil dos profissionais gestores, pois vivemos tempos de liberdade efetiva em todos os segmentos da sociedade e, nas empresas, os funcionários querem se sentir cada vez mais capazes de participar das decisões da empresa, querem se sentir parte do grupo, querem ser "gestores" dos seus destinos ao lado de seus chefes. Acompanhei essa mudança e pude inclusive identificá-la melhor nas pesquisas de clima organizacional que analisei.

Nas duas práticas analisadas neste capítulo podemos identificar pontos em comum para o desenvolvimento de grandes profissionais e suas empresas, como a identificação de metas de curto, médio e longo prazos, a identificação das competências existentes e daquelas que são necessárias e, portanto, devem ser desenvolvidas, pois a ausência das mesmas demonstra fragilidade nos processos das empresas e de desenvolvimento profissional.

As duas práticas também ajudam na identificação de pontos fortes e fracos, ajudam a lidar com eles e a criar planos de ação para alcançar os objetivos da empresa e os objetivos pessoais do profissional.

Concluímos, portanto, que a utilização das práticas de Mentoring e Coaching são essenciais na formação de grandes profissionais e para o desenvolvimento de grandes empresas.

O poder do
Mentoring
&
Coaching

Vinícius M. Santucci

Relacionamento e tensão

Vinícius M. Santucci

Coach e Mentor de Relacionamentos.
Desde 2009 desenvolve recursos e ferramentas para melhorar a qualidade e solucionar conflitos de relacionamentos pessoais, amorosos e profissionais.
escoladerelacionamentos.com.br / viniciussantucci.com.
Autor de "Método Reconquistar" (2009) e "Segredos para o Relacionamento" (2011) pela Escola de Relacionamentos. Criador do Sistema RELIC (Relationship and Life Coaching).
Coach e Mentor ISOR
Master Practitioner em Programação Neurolinguística. Hipnoterapeuta membro da International Hypnosis Association – IHA. Somatic Experiencing Practitioner – SEP.

vinicius.santucci@gmail.com
contato@escoladerelacionamentos.com.br

Relacionar-se é natural. Nascemos preparados para isso. Essa "descoberta do outro" é uma das experiências mais sedutoras da vivência humana. Sendo uma habilidade tão natural, seria lógico que fôssemos verdadeiros especialistas em relacionamentos. Se ela é uma capacidade tão inata, tão "embutida", que nascemos com ela, então deveríamos ser "fluidos e proficientes" na arte de nos relacionarmos. E, sim, em geral as pessoas se consideram "muito boas" ao se relacionar. Até que surjam problemas. E, sim, normalmente só nos preocupamos com nossos relacionamentos quando acontecem "acidentes de percurso".

Muitos casais, cônjuges sozinhos e mesmo gestores me procuram no meu dia a dia de trabalho junto com a Escola de Relacionamentos e com o Sistema RELIC querendo na verdade "dar um jeito" nos problemas que têm aparecido nos últimos tempos em seus relacionamentos (sejam conjugais, sejam empresariais).

Sempre achei essa expressão bem curiosa: "dar um jeito". Ela começa em nada e vai até lugar nenhum. Não quer dizer nada além de "quero que o problema suma do agora, tudo bem que vá para o amanhã". E isso me lembra do diálogo de Alice no País das Maravilhas:

Alice: "Você pode me ajudar?"

Gato: "Sim, pois não."

Alice: "Para onde vai essa estrada?"

Gato: "Para onde você quer ir?"

Alice: "Eu não sei, estou perdida."

Gato: "Para quem não sabe para onde vai, qualquer caminho serve."

Ao chegar ao meu escritório, a primeira coisa que querem é que eu lhes explique como "funciona a dinâmica do relacionamento". Em geral saem "caçando as bruxas" de seu relacionamento. Pensa-se e racionaliza-se muito. Chega-se a conclusões, encontram-se culpados. Tudo isso não passa de barulho.

Continuamos no mesmo lugar de antes. Sem saber para onde ir. Talvez o único avanço que tenhamos feito até aqui é que a pessoa se dá conta de que não faz ideia de como começou a se relacionar com seu cônjuge. O que os uniu. O que buscavam naquele momento em que "tudo parecia ter tanto sentido", onde todas as respostas pareciam estar presentes antes de serem feitas as perguntas. Estavam juntos ao acaso, em crescimento espontâneo... é de se admirar que tenham chegado num lugar que não planejaram, se não planejaram ir para lugar nenhum?

Os quatro tipos de relacionamento

Quando falamos de relacionamentos, estamos na verdade falando de um termo muito amplo e com muitas aplicações. Estamos falando desde nossas células se relacionando entre si, passando pela relação que temos com as coisas, chegando até a macrossituação que é um casal de namorados que não apenas divide espaço e experiências, mas que influencia e impacta a vida um do outro.

Dentro do Sistema RELIC, dividimos os relacionamentos em quatro esferas principais:

1) O relacionamento com o outro: referimo-nos a qualquer relacionamento com outras pessoas (ou organismos virtuais a quem, analogicamente, podemos nos referir como pessoas, como, por exemplo, empresas e grupos de interesse). Para este tópico, nos debruçamos sobre a Dinâmica Social.

2) O relacionamento com o meio: o relacionamento com o espaço, com as coisas que nele se encontram, o encontro com o tecido da realidade e suas leis naturais – e como as escolhas pessoais reverberam nessa estrutura. Para este tópico, costumamos trabalhar com todas as técnicas de Coaching e formulação de metas e objetivos.

3) O relacionamento com você mesmo: além do cognitivo e do emocional, como você consegue encontrar você? Onde está o seu self? Se você estivesse mais em alguma parte de seu corpo, onde seria? O contato com você – e a fidelidade ao "eu" - é um dos pontos mais importantes de qualquer relacionamento. Aqui trabalhamos a Experienciação – a capacidade de sentir no corpo a experiência completa, perceber suas relações (Hendricks, 2003) - e o Contato com o Felt Sense – a forma como o corpo vivencia a experiência, as ideias, os conceitos (Hendricks, 2003).

4) O relacionamento com o transcendente. O sentido é algo que só pode estar fora deste algo. Se não existe algo maior que você, que o leve a comprometer-se, então não existe tensão. Aqui trabalhamos o logos, a busca das "grandes metas" de vida e suas implicações. Ou como diz Viktor Frankl: "Última e verdadeira causa do homem".

É necessário que, ao longo do tempo, trabalhemos todos os quatros modelos de relacionamento. Inicialmente, porém, precisamos fazer um trabalho de base sólido, para que possamos olhar para as relações que temos sem que nos percamos no caminho. Assim, partimos do básico, do marco zero.

Relacionamentos possuem diversas definições. Mas talvez pudéssemos resumir como: **RELACIONAMENTO É TENSÃO.**

É a tensão que não nos permite "nos confundirmos" com os outros, mas ainda assim sermos nós dentro de uma cocriação com o outro.

Somos constantemente alvo de "modelos de relacionamento" poéticos, porém irreais e ilusórios, que só funcionam bem no cinema e literatura.

Um desses modelos é a "relação de simbiose", ou aquele em que "Um não pode viver sem o outro". Se fosse um desenho, essa relação seria assim:

Ambas as partes formam apenas um círculo, que "se completa, se preenche, se une". Na verdade este cenário é terrivelmente problemático. Ambos estão delegando à outra pessoa emoções, escolhas e responsabilidades que são, na verdade, pessoais e intransferíveis. Uma vez que haja uma briga ou rompimento, um dos lados colapsa emocionalmente – pois delegou totalmente ao outro a responsabilidade por sua felicidade.

Existe uma forma de trabalharmos a união de um casal para que realmente haja um "matrimônio", para que ambos possam viver seu relacionamento com o olhar na eternidade, mas essa forma de vínculo é incomensuravelmente diferente da forma apresentada no modelo acima. O verdadeiro matrimônio é um processo de consumir-se pelo bem do outro. Já este modelo de simbiose é um processo de dependência e compensação de frustrações e expectativas. Rompa um relacionamento de simbiose e uma das partes (ou mais raramente ambas) sentirá como se toda felicidade de sua vida tivesse ido embora.

De forma simplificada, podemos dizer que um relacionamento saudável e com potencial de realização para ambas as partes possui a seguinte configuração:

Ambos os lados estão juntos em torno de um projeto que é maior do que eles mesmos. São autocentrados emocionalmente e possuem uma comunicação clara. Costumam iniciar e aceitar as tentativas de consertar um relacionamento. Juntos conseguem desenvolver maior resiliência na recuperação de estresse. Ao mesmo tempo, possuem um alinhamento em termos de visão de mundo, de sentido e de vocação. Isso, porém, é um trabalho de uma vida.

O ponto fundamental é: ninguém está realmente 100% pronto. O aprendizado de nos relacionar conosco, uns com os outros e com uma vocação maior durará enquanto durar nossa vida. E as questões a serem trabalhadas podem ser inúmeras. Porém, a primeira atitude a tomar é: voltar ao básico. E para isso é preciso revisar a tensão consigo mesmo (ou centrar-se, aterrar-se, entrar em contato com o seu felt sense).

O primeiro passo

Ao trabalhar com uma área tão vasta quanto os relacionamentos, é possível perceber que existem "pontos básicos e vitais" que norteiam o desenvolvimento de metas e objetivos. O mais importante destes pontos é que eles estão presentes durante todo o processo do cliente. É o ponto inicial a ser observado e trabalhado, e ainda continuará presente, quando a meta for atingida.

Para trabalhar o processo de centramento inicial, gosto particularmente de uma ferramenta do Sistema ISOR, que foi desenvolvida por Marcus Wunderlich.

O ISOR trabalha o conceito de Tensores, ambientais e pessoais, e busca encontrar o centro pessoal do cliente (que também chamo de self). Para o Sistema ISOR, o Tensor:

"[...] é o clima. O campo sutil, formado por movimentos, percebido pela sensibilidade e entendido pela razão. Este "campo de relacionamento" ao qual estamos submetidos, e o qual também influenciamos, "influi na ordem do desencadeamento dos processos e acontecimentos". Dentro desse processo de tensão, mantemos nossa correlação". (Material ISOR, 2010)

Costumo usar um exercício simples, levemente baseado na agenda dos Tensores, do Sistema ISOR, durante a primeira sessão do Sistema RELIC. Ele auxilia o cliente a "clarear o espaço" mental e emocional e a encontrar um ponto de referência interno, de onde possamos começar a olhar, numerar e escolher as questões que precisam ser trabalhadas em seu relacionamento.

1. Procure sentar-se confortavelmente. Respire tranquilamente. Permita que seus pensamentos cheguem até você, trazendo imagens, sons, lembranças.

2. Imagine que você os está organizando "visualmente" em torno de você, como se estivesse dispondo caixinhas em torno de si.

3. Coloque todas essas caixinhas ao redor. Se os pensamentos pararem de vir, ótimo, este é o estado que queremos. Se continuarem chegando, diga a si mesmo: "Acho que já tenho recursos suficientes para lidar no momento, olharei o restante depois". Dê um tempo para que seu corpo assente.

4. "Olhe" para os pensamentos que o cercam e escolha aquele que causa menor comoção emocional em você. Traga essa questão para o centro de sua atenção, mas não tente mudá-la, apenas dê espaço para ela. Perceba como ela o atinge, se o incomoda... perceba seu corpo. Suas sensações. Muitas vezes, apenas pelo fato de olhar para uma questão, ela começa a se modificar e a modificar a forma que afeta você. Se a questão for um problema, ela pode ou não encontrar uma solução por você ter lhe concedido maior espaço interno. Não importa se a solução veio ou não nessa fase do trabalho.

5. Após dar espaço para essa questão, coloque-a de volta na caixinha imaginária. Perceba seu corpo. Veja o que mudou. Perceba as sensações. Houve um relaxamento em alguma parte de seu corpo? Um calor? Um resfriamento agradável na região do ventre? Dê um pouco mais de espaço e fique com isso.

6. Pegue o próximo pensamento e repita o processo. Perceba novamente seu corpo. Cheque as zonas cujas sensações se alteraram depois de algumas rodadas de acolhimento dos pensamentos.

7. Imagine uma linha que liga essa zona de seu corpo ao chão. Preste atenção na sensação de seus pés tocando o chão. Imagine uma segunda linha que cruza você e o liga no horizonte. Perceba a tensão que se estabelece entre as duas linhas imaginárias. Se quiser levantar-se, perceba a tensão entre as linhas.

8. A partir desse momento temos um ponto de referência, uma tensão interna, onde podemos começar a trabalhar a forma que seu cliente se relaciona sem que ele se sinta invadido pela outra parte ou perdido num turbilhão de emoções e ativações nervosas de um conflito.

O começo...

Respondendo ao gato da Alice, podemos mesmo dizer que dentro do relacionamento ainda "não sabemos exatamente onde essa estrada vai dar", mas podemos dizer que sabemos bem de onde estamos partindo.

Quando começamos a trabalhar as questões de um relacionamento, seja ele de qual tipo for, existe uma tentação grande em querer atuar sobre o problema desde o início. Pode ser uma estratégia muito equivocada – e normalmente é – pelo fato de que é muito comum que as ativações emocionais, conflitos mal resolvidos e um histórico de problemas de gerência de vínculo e omissões "puxe" o cliente para uma espécie de "turbilhão de desorganização". Ao trabalhar com os tensores, identificá-los com o seu cliente, ajudá-lo a acostumar-se com eles e a encontrá-los no dia a dia, você estará dando os primeiros passos, seguros e sólidos, em direção à meta do relacionamento.

Se a tensão que mantém os relacionamentos funcionando, ou mesmo que mantém esse mundo em pé, começa em algum lugar, então este lugar é dentro de mim e de você. Se você quer se relacionar de verdade (ou ajudar o seu cliente, seja ele uma grande corporação que precisa unir colaboradores e interesses diferentes, ou ainda a pessoa que precisa organizar prioridades e trabalhar seu vínculo com o outro), então comece do começo. Ajude-o a mergulhar em si e a encontrar seu ponto de tensão inicial, é lá que a mágica acontece (ou ao menos onde ela nasce).

BIBLIOGRAFIA:

FRANKL, Viktor E. Fundamentos Antropológicos da Psicoterapia. Rio de Janeiro: Editora Zahar, 1978..

FRANKL, Viktor E. Logoterapia e Análise Existencial. Rio de Janeiro: Editora Forense, 2014,

GENDLIN, Eugene T. Focalização – Uma via de acesso à sabedoria corporal. São Paulo: Editora Gaia, 2006,

HENDRICKS, Marion N. Psicoterapia Experiencial / Orientada Pela Focalização: Pesquisa e Prática, 2003. Disponível em: http://www.focusing.org/fot/psicoterapia_experiencial_pt.html. Tradução: João Carlos Caselli Messias.

WUNDERLICH, Marcus. Material de Formação de Coaching e Mentoring ISOR. São Paulo: Instituto Holos, 2012.

O poder do
Mentoring & Coaching

Viviane Peba Lopes Tatagiba

Ressignificando valores: modificando crenças, concretizando sonhos

22

Viviane Peba Lopes Tatagiba

Presidente na Consultoria Pontual Desenvolvimento. Trabalha como consultora Organizacional e Desenvolvimento de Pessoas há 10 anos. Psicoterapeuta infantil, de adolescentes e adultos e psicopedagoga. Atua também com Terapias Naturais como Florais de Bach e Auriculoterapia. Coach de Desenvolvimento Pessoal e Profissional pelo Instituto Holos desde 2014.

(21) 98393-9101
contato@consultoriapontual.com.br

O presente capítulo está longe de esgotar o assunto citado e, muito menos, pretende ser um guia de como orientar seu cliente num momento de transformação. Até mesmo porque cada um de nós é um infinito de mundos a serem descobertos. As perguntas aqui levantadas servirão para nos guiar nessa viagem desbravadora na intenção de dar asas às pessoas que nos procuram. Quantas vidas novas podemos ter? Quantas vezes podemos nos reinventar e seguir novos caminhos nunca imaginados antes? A resposta é bem simples: quantas quisermos!

Para isto precisamos descobrir o grande número de habilidades que possuímos e que servirão de ferramentas para vencer no mundo social e empresarial. Através do Coaching é possível a familiarização com essas competências e em quais momentos as utilizaremos para atingir nossos objetivos de vida. Portanto, é necessário compreender a importância do processo de autoconhecimento e dedicar-se intensa e integralmente durante todo o percurso.

Mas, afinal, o que é Coaching? Como esse processo pode ajudar num momento de crise pessoal, profissional ou quando o mercado de trabalho parece estar em desequilíbrio e nossos objetivos estagnados? Coaching é a arte de proporcionar aos outros meios para que extraiam o melhor de si mesmos e criem asas ao encontrar suas próprias respostas às perguntas da vida.

Perguntas como "Qual o sentido da vida? Quais as minhas prioridades? Por que isso é importante para mim? O que me dá mais orgulho em minha vida? Pelo que vale a pena lutar? Como posso me tornar uma pessoa mais feliz?" rodeiam nossas mentes em vários momentos. E essas perguntas despertam estados emocionais, emoções essas que tendem a conduzir nossas decisões ao estabelecer relações, definir objetivos, manter grupos de amigos ou engajar-nos em projetos.

Uma vez que reconhecemos que é verdade que nossas emoções influenciam na maneira como conduzimos nossa vida, escolhemos trabalho, estilo de vida e relacionamentos, devolvemos a importância às emoções que outrora foi tentado tirar, principalmente no mundo corporativo. Desta maneira, através da percepção das emoções, é possível reconhecer tudo o que nos influencia e quais emoções são despertadas para podermos utilizá-las a nosso favor.

Inteligência Emocional. Sim, essa competência que vem sendo tão desejada pelas empresas e tão bem reconhecida no meio social não é ensinada na cartilha da escola. Cabe a cada indivíduo, através de prática diária, perceber e determinar suas novas atitudes diante de situações que nos são impostas na família, com os amigos e no trabalho.

Nossa visão de mundo é resultado das percepções e experiências que vivemos desde que nascemos. É a soma dos estímulos externos e a maneira como organizamos as prioridades em nossa mente. Para irmos além, precisamos enxergar além. Mudar a lente que filtra as informações que chegam a nossa mente e dar novo significado para as imagens e relações que nos cercam. Precisamos Despertar!

Estar desperto é entrar num total estado de receptividade ao novo enquanto transitamos por esse caminho de conhecimento e sabedoria. Primeiramente precisamos admitir que estivemos "presos" às convenções e formas que nos ensinaram que é de acordo com elas que deveríamos ver e agir. Somente através desse reconhecimento estaremos prontos para deixar o papel de "prisioneiros" e conformados para agirmos de maneira atuante e transformadora.

A mudança de cultura é um passo importante pois vai nortear os novos horizontes e desfazer as crenças que nos prendem e que nos enchem de medo de falhar ou tentar algo novo, unicamente porque nunca antes foi realizado por nós.

Como diria Epicuro: "A arte de morrer bem e a arte do bem viver são uma coisa só". Desde pequenos aprendemos o que é bom ou mau, certo ou errado, importante ou desnecessário. Esses ensinamentos nos ajudam a qualificar pessoas e escolher circunstâncias desde então e até a fase adulta. O problema é que, quando crescemos, não analisamos o que nos foi dito e temos dificuldade em enxergar que essas velhas crenças estão nos impedindo de alcançar objetivos e felicidades maiores e melhores.

Certa vez trabalhei com Eduardo, gerente administrativo de uma empresa há 25 anos, que me disse: "Trabalhei minha juventude toda e trabalho até hoje sem descanso, não cometo extravagâncias ou excessos para juntar dinheiro suficiente para não precisar trabalhar mais. Nesse dia, então, poderei fazer tudo que sempre sonhei mas estive protelando".

A ideia de trabalhar e ter reserva de dinheiro para um futuro seguro vinha de sua experiência ruim com seu pai. Ele cresceu vendo o pai gastando tudo o que ganhava com bebidas e passeios, que nem sempre incluíam a família e, em seus dias finais, precisou ser amparado e sustentado pelos filhos. Ele então se convenceu de que não terminaria seus dias da mesma maneira.

Naquele momento pedi que ele pensasse nas coisas que estava perdendo por pensar daquele jeito e o que mais poderia perder por continuar vivendo daquela maneira. Deixei que relatasse alguns momentos com a família de que abriu mão e oportunidades de diversão. E então propus: "Se você decidisse mudar, o que mudaria? Como acha que se sentiria? Que crença poderia ser um pouco mais produtiva agora? Pense no quanto esse seu pensamento tem lhe 'custado' e verifique se prefere continuar ou tentar mudar sua postura".

Então completei: "Comece a agir como se sempre tivesse pensado desta maneira e chegará um ponto em que elas estarão tão fortes que substituirão as velhas crenças!"

Eduardo precisou perceber o que lhe deu esse conceito de vida e admitir que poderia haver outras maneiras de garantir o futuro estável sem sacrifícios na vida atual. Ao aceitar a mudança de sua crença foi capaz de ampliar a visão e perceber outros meios para manter-se realizado e satisfeito não só com seu futuro mas também com seu momento atual.

É lamentável que, ainda hoje, ensinemos nossos jovens dessa maneira. Com crenças rígidas e exemplos de sacrifícios para atingir objetivos de vida. Seria bom que conservássemos nossa atitude de criança, que nos deixam sempre alertas, curiosos, com muitos questionamentos. Assim conseguiríamos fazer os questionamentos internos de tal maneira que nos redescobriríamos e reaprenderíamos a ter iniciativa.

A grande maioria teme ser diferente, com pensamentos e atitudes que não nos permitam adaptarmo-nos ao nosso grupo e à sociedade. Parece que tememos, ao não seguir as regras que nos são impostas na infância, não ter amigos, conseguir constituir família ou ter um emprego que pague as contas. No entanto, quando jovens, tínhamos energia e empolgação pela vida. Gostávamos de desafios e tínhamos sonhos... valia a pena arriscar, por tudo.

Junte esses condicionamentos sociais aprendidos com nossos pais e professores com nossos medos e preconceitos e o que temos? Vitalidade, Empolgação e Iniciativa destruídos gradualmente. E nem nos damos conta de, em que momento, nos perdemos de nós mesmos enquanto crescíamos.

Definitivamente precisamos nos libertar das correntes que nos deixam iguais ao resto do mundo.

Em seu livro Diário de um Mago, Paulo Coelho escreveu: "Quando renunciamos aos nossos sonhos e encontramos a paz, temos um pequeno período de tranquilidade. Mas os sonhos mortos começam a apodrecer dentro de nós, e infestar todo o ambiente em que vivemos. Começamos a nos tornar cruéis com aqueles que nos cercam, e finalmente passamos a dirigir esta crueldade contra nós mesmos. Surgem as doenças e psicoses. O que queríamos evitar no combate - a decepção e a derrota - passa a ser o único legado de nossa covardia. E, um belo dia, os sonhos mortos e apodrecidos tornam o ar difícil de respirar e passamos a desejar a morte, a morte que nos livrasse de nossas certezas, de nossas ocupações, e daquela terrível paz das tardes de domingo".

Não é raro vermos alguém sonhando acordado, pensando em como seriam os dias se colocasse em prática os projetos e ideias que rodeiam sua mente. Mas por que será que poucas pessoas conseguem concretizar seus sonhos? Ao analisarmos, sem muitos rodeios, descobriremos que o que impediu a realização de nossos sonhos e projetos foi nosso medo.

Lógico que é raro encontrar pessoas que admitam que deixaram de realizar sonhos por medo. Medo de não ser compreendida pela família, medo de ter que mudar a estratégia no meio do caminho, medo de falhar. Então esse medo se disfarça em justificativas diante de nós e da sociedade em expressões que são bem aceitas e, certas vezes, louváveis pelos que nos cercam. "Eu gostaria de ir viver em outro país, mas não posso: tenho filhos." "Gostaria de ser bailarina, mas minha família espera que eu seja doutora." "Tenho vários rascunhos e ideias para artigos e livros, mas não tenho tempo para me dedicar, preciso trabalhar muito." Como consequência, a chama do desejo de viver vai se apagando, porque deixamos de encarar o desafio e não arriscamos realizar nossos sonhos.

Ano passado, atendi a Nathali, administradora de profissão. Estava ansiosa e preocupada com seu trabalho, pois está há anos num banco como gerente. Essa posição trouxe-lhe status profissional e estabilidade financeira. Através desse emprego conseguiu conquistar muitos bens materiais e contribuir para o conforto de sua família e filhos. Apesar de tudo parecer perfeito, não tinha, com este trabalho, a satisfação que desejava de vida. Dizia que sua vida parecia sem sentido e que as tarefas no banco a entediavam. Em linhas gerais, ela não sabia o que queria fazer mas tinha uma certeza: já não lhe agradava continuar em seu trabalho.

Depois de alguns encontros, trabalhando crenças e perspectivas de futuro, alinhando com competências e habilidades, descobrimos que ela sabia sim o que queria fazer mas não acreditava ser capaz de realizar e não tinha certeza se a família a apoiaria. Tinha medo de ser rejeitada pelos amigos ou ser considerada "louca" por querer deixar um emprego estável para se aventurar em seu próprio projeto que incluía mudar, completamente, de profissão.

Trabalhamos alguns exercícios simples sobre quais eram suas preocupações e angústias e qual projeto a deixaria num estado de felicidade que sempre pensara desfrutar. A partir da definição do projeto, trabalhamos nas etapas e investimentos financeiros e de conhecimentos que precisaria fazer. Ela se matriculou no curso de Gastronomia e iniciou a pesquisa sobre as melhores áreas e perfis de clientela para investir.

Ela então percebeu que, com frequência, deveria refletir sobre seus sonhos e objetivos para entender suas dúvidas e medos e trabalhar para que, aos poucos, se transformassem em informações e convicções. E então ela tomou para si uma frase: "Morre lentamente quem não vira a mesa quando está infeliz".

Hoje Nathali é uma amiga, feliz e bem-sucedida, que visito às vezes em seu restaurante. Ela está muito feliz com o projeto e as expansões que já conseguiu fazer do serviço. "É como se eu tivesse nascido de novo", ela me disse.

Dúvidas aparecerão no caminho entre a ideia e a concretização do projeto mas devemos ser fortes e ouvir nosso coração. O importante é colocarmos nossa vida em movimento. Podemos nos enganar ou mudar de ideia ou estratégia no meio do caminho, mas devemos permanecer em movimento e corajosos, tomando nossas próprias decisões.

Precisamos nos transformar em pessoas que mantêm a energia e sabem aonde e como direcioná-la, organizando assim nossas vidas na busca por nossas aspirações e sonhos para que nossa existência e modo de vida possuam mais sentido e nos fortaleçam, tornando-se mais gratificante. E como conseguiremos isso? Erradicando o medo de nossas vidas.

O poder do
Mentoring & Coaching

Marcos Wunderlich
Presidente Executivo do Instituto Holos

O diferencial do Sistema ISOR® para atividades de Mentoring e Coaching Holo-Sistêmico

O diferencial do
Sistema ISOR® para
atividades de
Mentoring e Coaching
Holo-Sistêmico

Minha principal experiência profissional, nos últimos 20 anos, é a formação e certificação de pessoas em Mentoring & Coaching Holo-Sistêmico nos níveis Professional, Master e Advanced e, para estas atividades, tenho utilizado os referenciais e ferramentas do Sistema ISOR® - um conjunto instrumental científico-pedagógico diferenciado, genuinamente nacional e adaptado a nossa realidade brasileira.

Meu propósito é proporcionar ao leitor conhecimentos sobre a singularidade, o processo histórico e principais características desta metodologia, em particular sobre a abordagem holo-sistêmica (da qual sou coautor) que imprimimos no processo de aprendizagem dos novos profissionais e estudantes.

Propus a mim mesmo escrever em tópicos para facilitar a leitura e proporcionar a interconexão de todas as fases históricas do ISOR®. Preciso ainda dar uma explicação inicial, dizendo que o Sistema ISOR® surgiu com este nome em 2004 como (re)síntese de um longo processo histórico. Eu, juntamente com meus colegas Renato e Maria Luiza Klein, também diretores do Instituto Holos, nos tornamos os formatadores, recriadores, ou mentalizadores do ISOR® no modo como se apresenta atualmente.

A construção é uma constante ao longo do tempo, continua em processo de evolução com novas elaborações, reformulações e atualizações.

Os significados de ISOR®

O ISOR® é um conjunto de ferramentas integradas entre si que abordam diferentes aspectos da realidade e da mente humana, permitindo assim uma visão mais ampla e libertadora em busca de uma vida mais feliz.

Os referenciais ou instrumentais têm a função de ser uma base cognitiva que fundamenta o desenvolvimento integrado de Pessoas e suas Organizações, e foram elaborados ou construídos com base no pensamento sistêmico, na moderna administração, nos avanços da ciência e na milenar sabedoria humana.

Os referenciais são apresentados sempre em forma de gráficos (ou holográficos) autoexplicativos, formando uma tecnologia própria que foi associada a uma metodologia de autoaprendizagem e autodescoberta com ativação da sabedoria interior de cada pessoa.

ISOR vem do prefixo grego ISOS, que significa "igual", "da mesma forma". O "R" final abrevia a palavra relacionamento, e isto nos remete a atividades e relacionamentos isomórficos, isto é, coerentes, condizentes. Ou seja, ISOR® se propõe fundamentalmente a desenvolver nas pessoas uma vivência relacional com base no Isomorfismo, na coerência, na transparência, na reciprocidade entre VISÃO e AÇÃO.

Outra explicação é me referir às Normas Internacionais ISO, que dão parâmetros de qualidade de produtos e de serviços. Fala-se que um produto ou um serviço tem qualidade quando tem conformidade com a norma.

Da mesma maneira podemos falar dos seres humanos que, quando vivem em congruência, sintonia, ou proximidade com as leis universais da vida, adquirem a qualidade de vida natural, felicidade interior e uma vivência integrada ao fluxo do universo e da vida.

Entendemos que a busca mais profunda do ser humano é a sua felicidade, e esta só pode ser plena quando o Ser está em sintonia com a própria Vida, com sua origem e com a perfeita ordem universal.

No quadro abaixo represento a linha imaginária do Isomorfismo, e quanto mais próximas as pessoas viverem da linha maior seu grau de Isomorfismo ou coerência com a Vida. As pessoas têm aspectos que possuem Isomorfismo e outros estão mais afastados, constituindo uma lacuna ou "gap" que poderá ser diminuído ou eliminado.

Lacunas ou "gaps" de Isomorfismo

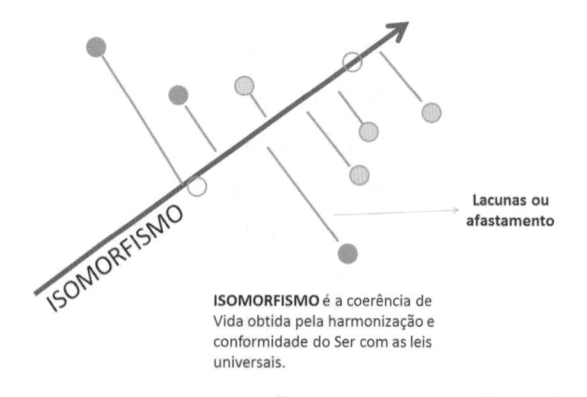

ISOMORFISMO

Lacunas ou afastamento

ISOMORFISMO é a coerência de Vida obtida pela harmonização e conformidade do Ser com as leis universais.

A frase de Paulo Freire "é preciso diminuir a distância entre o que diz e o que faz, até que, num dado momento, a tua fala seja igual a tua prática" é um exemplo perfeito do Isomorfismo.

Apresentação

Embasados na milenar sabedoria humana e em conhecimentos técnicos, científicos e pedagógicos, o Sistema ISOR® se apresenta como:

Um sistema tecnológico - Entendemos como o conjunto de conhecimentos, pesquisas, ressínteses e o constante refinamento de nossas experiências, que constituem o acervo técnico, o know-how, o qual se traduz numa forma própria e peculiar de autoapresentação do Instituto Holos, de seus programas, linguagem e conteúdos.

Uma metodologia - Com embasamento numa visão global, holística e sistêmica da realidade, desenvolvemos uma metodologia peculiar de aplicação e aprendizado, com base principalmente na ativação do autoaprendizado e ativação da inteligência coletiva e na emergência da Sabedoria de Campo expressos por Otto Scharmer e Peter Senge nos seus livros Teoria U e Presença, respectivamente. Assim, o Sistema ISOR® se tornou um suporte tecnológico e metodológico para diferentes atividades de aprimoramento em educação, orientação, gestão e liderança inovadora. Atualmente, o ISOR® está sendo mais utilizado em certificações de profissionais de Mentoring e Coaching de natureza holo-sistêmica por ser esta uma necessidade premente da humanidade nos dias atuais.

Um conjunto de referenciais interconectados - Entendemos como "referencial" a representação gráfica de um determinado tema, sendo que cada tema específico está em interconexão com todos os demais, formando um conjunto temático de situações de nosso cotidiano pessoal e profissional. Nosso processo de Mentoring & Coaching ISOR® apresenta ao cliente um determinado referencial gráfico com embasamento holístico e sistêmico – a partir do qual se iniciam, de forma aberta, as atividades de entendimento e autodesenvolvimento aplicadas às necessidades, buscas e questionamentos individuais de cada cliente.

Dois exemplos de referenciais gráficos

Coaching - Processo Decisório
Captar, conhecer e transformar a realidade

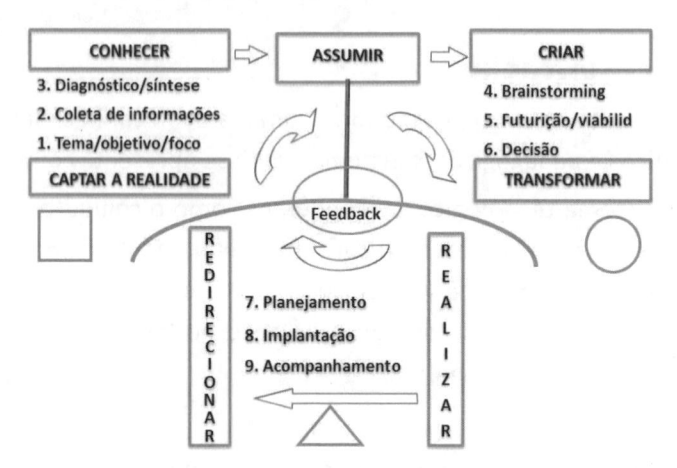

CONHECER	⇒	ASSUMIR	⇒	CRIAR
3. Diagnóstico/síntese				4. Brainstorming
2. Coleta de informações				5. Futurição/viabilid
1. Tema/objetivo/foco				6. Decisão
CAPTAR A REALIDADE				TRANSFORMAR

Feedback

REDIRECIONAR

7. Planejamento
8. Implantação
9. Acompanhamento

REALIZAR

Administração de conflitos

- *Razão*
- *Ideias*
- *Conceitos*
- *Valores*
- *O que deveria ser*

SÍMBOLOS

- *Fantasias*
- *Sonhos*
- *Imaginação*
- *Fé/desejos*
- *O que gostaria que fosse*

ISOMORFISMO

Semente do conflito

TENSÃO CRIATIVA

ADMINISTRAÇÃO DE CONFLITOS

- *Fatos*
- *Real*
- *Concreto*
- *O que é*

FATOS

Os referenciais básicos

Apresentados em forma de gráficos como nos modelos acima, os instrumentais ou ferramentas mais básicas, são:

- Ampliação da Visão; Como Compreender as Pessoas; Relacionamentos Focados; Gestão de Mudanças; Geração do Novo Tempo; Frequências Sutis como o Clima Pessoal e Organizacional; Centramento Pessoal; Estrutura Mental; Superando Mentalidades Menores; Administração de Conflitos; Construção e Sinergia de Equipes; Superação de Jogos de Poder; Modelo de Processo Decisório; Liderança Inovadora; Posturas Condutoras; Realização Humana; Sistemas Complexos e uso da Teoria U; Emergência da Sabedoria de Campo.

Níveis de abordagem

O Sistema ISOR® deve ser entendido em três diferentes níveis de abordagem:

1. A abordagem superficial, ou externa – é o nível de conhecimentos da metodologia, seus princípios, seu processo histórico. É o que se aprende diretamente em cursos ou palestras, incluindo aí os aspectos de aplicação prática.

2. A abordagem energética ou interna – é a visão mais profunda, inerente e não explícita, como por exemplo, a intenção para a qual ISOR® foi concebida. É o entendimento da visão de mundo (ou cosmovisão) que fundamenta os referenciais ISOR® - a nossa reconexão com as leis universais e o benefício às pessoas. O nível sutil também se refere a emoções e sentimentos do profissional e seu cliente, incluindo aí os impulsos energéticos que são ativados interiormente e que movem as pessoas nas suas atitudes e comportamentos e ações no mundo. Também está ligado ao clima harmônico ou sensação de bem-estar que os conceitos ou descobertas que ISOR® proporciona aos seus usuários.

3. A abordagem profunda, ou secreta – se refere à emergência da Sabedoria Interna que todas as pessoas têm e está sempre presente. O uso do Sistema ISOR® proporciona e incentiva este acesso mais profundo à Fonte Interior, nosso Self Maior, ou Consciência Plena.

Esta Fonte é a nossa origem primordial e tem as qualidades de criação, além da capacidade luminosa de saber e conhecer por si mesmo. Tudo o que existe no universo, inclusive nossa consciência comum e as aparências de mundo, são expressões da Fonte. Quando, através de técnicas meditativas, acessamos a percepção da Fonte, surgirá naturalmente a Sabedoria que nos permite ver com clareza, entender a vida em sua profundidade e agir com coerência no mundo comum. Trata-se obviamente de um aspecto muito profundo que temos, e que se expressa para nós em forma de insights, ou às vezes quando um entendimento claro surge independentemente dos pensamentos. Um exemplo: quando uma pessoa, um artista ou cientista obtém uma inspiração na sua mente, algo lhe fica claro, isto é manifestação da Sabedoria Interior.

Atualmente, muitas pessoas e profissionais já utilizam a emergência da Sabedoria Interior de forma clara e consciente.

Os três níveis do Sistema ISOR®

Externo
Conhecimento

Interno
Intenção e Energia

Secreto
Sabedoria Interior

O processo histórico

Vou me deter mais na abordagem externa, para que o leitor possa conhecer o processo histórico do Sistema ISOR®, que remonta à década de 30 do século passado, época de efervescência científica, quando houve o advento do pensamento sistêmico e que representou uma enorme revolução no pensamento humano.

Sobre esta base sistêmica o famoso antropólogo brasileiro prof. dr. Antonio Rubbo Muller construiu a famosa Teoria da Organização Humana. Foi sua tese de doutorado, apresentada na Universidade de Oxford, Inglaterra, e publicada, em 1958, com o título de "Elementos Basilares da Teoria da Organização Humana" ou, abreviadamente, TOH, que ele passou a ensinar na Escola Pós-Graduada de Ciências Sociais da FESP.

A Teoria da Organização Humana teve grande projeção no seu meio, e se tornou o principal suporte referencial do movimento de Cibernética Social iniciado por Waldemar de Gregori em 1968, na época aluno de Rubbo Muller.

Seu movimento dirigia seu foco de atuação para a dinâmica social, buscando desenvolver instrumentos teóricos e práticos para o desenvolvimento social, e teve forte expansão em toda América Latina e no Caribe, e que perdura, até os dias atuais, com menor intensidade de expressão.

A Cibernética Social por sua vez gerou a oportunidade do surgimento de um pequeno grupo de pessoas que fez emergir a "Sinopse Holográfica" em 1979, um movimento focado no desenvolvimento pessoal com visão sistêmica. Odival Serrano, Maria Luiza Furlan Klein e Renato Klein, juntamente com o professor colombiano Gustavo Rojas Arias, buscam aprofundar e ampliar os instrumentais herdados da Cibernética Social. Dedicaram-se exaustivamente ao estudo das novas experiências que se faziam na área da Psicologia e da Pedagogia. Incorporaram conceitos da Física contemporânea (Relatividade de Einstein, Física Quântica, Princípio da Incerteza em Física, com Plank, Eisenberg etc.) como forma de ultrapassagem da visão cartesiana e newtoniana, mecanicista, estática e dicotômica, que ainda impera no mundo da ciência e da tecnologia e dificulta às pessoas uma atitude mais aberta e dinâmica em face da vida.

Por sua vez, o movimento da Sinopse deu origem no início da década de 80 a um rico processo de Biocinergia mentalizado por Odival Serrano, buscando formas mais profundas de cultivo pessoal e grupal, cruzando os referenciais de Cibernética Social e de Sinopse Holográfica com filosofias e práticas pedagógicas oriundas do Oriente como o Budismo, Taoísmo, Tai--Chi-Chuan, práticas meditativas Zen, enriquecendo o acervo de experimentações em busca de um desenvolvimento do ser humano a partir de maior centração e crescimento interior.

Participei ativamente na Sinopse e da Biocinergia com Odival. Adquiri grande experiência em condução de grupos e assimilei muitos conhecimentos científicos e humanísticos, conhecendo em maior profundidade a importância da milenar sabedoria humana em nossas vidas.

Tive com estas experiências grande ampliação da mentalidade e abertura mental, ultrapassando os limites estreitos das visões reducionistas, das dicotomias certo x errado ou bom x mau.

Posteriormente, já desvinculado da Biocinergia e residindo em Florianópolis, fundei em 1993 o Instituto Holos, que incorporou todo o rico e extenso legado científico e experimental dos movimentos anteriores. Com a colaboração de Renato Klein e Maria Luiza Furlan Klein recriamos em conjunto técnicas, métodos e referenciais que se aplicam aos processos de qualificação do ser humano, seja no nível de crescimento e densificação pessoal, seja no nível de desenvolvimento qualitativo da convivência humana nas organizações, incorporando os princípios da moderna administração empresarial.

Passamos a denominar nosso novo trabalho de Holopráxis Organizacional desde 1993 até 2004, passando a ter o foco voltado ao desenvolvimento das pessoas em organizações públicas e privadas. Foi um período muito fértil de inovações, pesquisas e experimentações, com muita aceitação e aprovação de nossos clientes, já atuando em nível nacional.

Em 2004 passamos a utilizar o nome de Sistema ISOR® para iniciar nova fase de maior profundidade e também para homenagear meu mestre Odival Serrano, que utilizou este nome em uma das suas atividades antes da Biocinergia.

Desde então até os dias atuais, o ISOR® passou por constantes atualizações e reformulações e recebeu a inserção de novos referenciais.

Este processo histórico do Sistema ISOR® sempre incorporou ao longo do tempo os conhecimentos de grandes sábios, cientistas, filósofos e autores que deixaram grandes legados para a humanidade, incluindo-os nos referenciais e instrumentais holográficos, seja de forma mais explícita ou implícita.

São quatro vertentes principais, a saber:

As vertentes
Vertente de Sabedoria

Toma como base a sabedoria da humanidade, tanto ancestral como atual. O tripé mais profundo está fundamentado no que há de melhor dos ensinamentos de Jesus de Nazaré, na profunda psicologia tibetana iniciada por Sidarta Gautama e na sabedoria oriental de Lao-Tse, de quem se originou a filosofia taoísta. Não excluímos outros grandes mestres e Eu-Fontes de Sabedoria.

Vertente de Mentalidade

O Sistema ISOR® compreende que a mente e a mentalidade das pessoas são fundamentais para a assertividade pessoal e profissional, e entendemos que qualquer mudança ou busca de transformação pessoal passa pela ampliação da visão de mundo e aquisição de novos paradigmas. Aqui incluímos grandes nomes, e cito a emergência da moderna neurociência, cujas contribuições são incomensuráveis.

Vertente Científica

A ciência tem papel fundamental, e grandes cientistas do passado e do presente trazem para a humanidade um valioso legado em diferentes áreas do conhecimento, que permite a criação de ferramentas e instrumentais ISOR® com fundamentação científica.

Vertente de Liderança

O ISOR® tem sido aplicado com muito sucesso em executivos, líderes e profissionais em empresas como ferramenta de Mentoring e Coaching e Liderança de Alta Performance – cria seus instrumentos e referenciais temáticos nas sínteses dos grandes nomes da liderança mundial. Ultimamente, incorporamos e relativizamos o Sistema ISOR® com o que há de melhor do Presencing de Peter Senge e a Teoria U, de Otto Scharmer, o que permitiu a possibilidade de oferecer ao mercado corporativo atividades de Liderança Inovadora blue-U®. Não podemos excluir aqui nomes como Drucker, Collins, Argiris e tantos outros.

O Sistema ISOR® advém portanto de um processo histórico único, tudo isto experienciado e vivenciado ao longo dos anos - de forma integrada à Moderna Administração Empresarial - , com milhares de pessoas e centenas de organizações. Disto tudo resulta uma visão Holística e Sistêmica do Universo, da Vida, do Ser Humano, das Relações, Empresas e Organizações.

PROCESSO HISTÓRICO DO SISTEMA ISOR®

1930 – Antropologia Social / Teoria Geral dos Sistemas / Cibernética

1950 – Teoria da Organização Humana Antônio R. Müller / USP

1968 – Cibernética Social

1978 – Sinopse Holográfica

1986 – Bio-Cinergia

1993 – Holos / Fundação do Instituto Holos

2001 – Holopraxis Organizacional

2004 – Formatação ISOR

Inserção de vertentes

SABEDORIA
Jesus de Nazaré
Dalai Lama
Thich Nhat Hanh
Sidarta Gautama
Chagdud Rinpoche
Sogyal Rinpoche
Lao-Tse
Liu Pai Lin
Padma Samten
Chardin
Krishnamurti
Rumi

MENTALIDADE
Kabat-Zinn
Jung
Wilber
Chopra
Tolle
Morin
Erickson
Dyer
Goswami
Laszlo
Bateson
Hellinger
Wittgenstein
Goleman
Steiner

CIENTÍFICA
Maturana
Varela
Bohm
Laszlo
Einstein
McLean
Sheldrake
Capra
Prigogine
Mandelbrot
Bertalanffy
Chew
Damasio

LIDERANÇA
Argiris
Drucker
Porter
Collins
Senge
Scharmer
Covey
Cooperrider
Hunter
Jobs
Peters
Kahane

Os princípios fundamentais

O Sistema ISOR® na fase atual tem como seu fundamento mais profundo um conjunto de pressupostos que dão sustentação teórica e prática a todas as atividades.

Fundamentos	Ação
Condução da Tríplice	Ativação, integração e cultivos dos campos racional, intuitivo e operacional do cérebro.
Tensão Energética do Cérebro	Ativação da Mentalidade Multidimensional (holística) e do Pensamento Sistêmico e Complexo.
Mentalidade	Motivadores ou impulsores de Sobrevivência, Reprodução e Reunificação, ligados aos movimentos terrestres nos quais estamos contidos; rotação, translação e movimento da galáxia.
Os Motivadores Humanos Básicos	Utilização dos referenciais de Ordenação da Mente e Tomada de Decisão. Os passos do pensamento científico relativizados com os três campos mentais.

Capacidade de Gestão e Condução	Necessidade humana de entender e referenciar suas ações – utilização de referenciais em forma de gráficos, sintéticos, holográficos e integrados entre si, autoexplicativos, de fácil assimilação e aplicação, tornando prático o pensamento holístico e sistêmico.
Utilização de Quadros de Referência Temáticos	A energia como pano de fundo de todos os eventos e que se torna uma base invisível que orienta a direção das ações. Clima Organizacional. Campo Morfogenético. Teoria de Campo e Campo Tensorial de Einstein.
Campo Tensorial ou Energia Sutil	As polaridades energéticas a serem direcionadas nas equipes e relações institucionais para complementaridade e diminuição dos jogos de poder.
A Sinergia	Referenciais para cultivo de relações harmônicas, com coerência ou Isomorfismo. Posturas focadas e centradas.
Os Critérios de Relação	Capacidade humana de amar e beneficiar seu próximo. A ecologia profunda do Sistema ISOR®.
Atuação Prestadia	Ativação de potencialidades internas para atividades isomórficas e de Alta Performance pessoal e profissional. As sete Macrocompetências.
As Macrocompetências	Capacidade de ver o Ser Humano nos seus aspectos positivos e potencializados.
Visão Apreciativa	Integração com o Todo gera pessoas automotivadas. A visão da Unidade ou UM e superação dualista.
Automotivação	Desfazer os conflitos na mente e ativar a alegria de viver.
Superação de Conflitos	Empresas com mais sinergia e menos conflitos e jogo de poder.
Sabedoria de Campo	Ativação da Sabedoria inerente a cada Ser Humano. Teoria U de Otto Scharmer.

A mentalidade e a proposta ISOR®

O principal diferencial do ISOR® na atualidade é a abordagem holo--sistêmica, o que nos permite falar em uma abordagem com mentalidade elevada ou ampliada. A mentalidade é um processo pouco conhecido no mundo comum. No mundo atual os processos de atendimento de pessoas são feitos dentro das mentalidades "normais" das pessoas, muitas vezes com paradigmas mecanicistas, projetivos, dicotômicos, baseados em venenos mentais. E, se fazemos atendimentos com mentalidades menores, não estamos beneficiando as pessoas; esta pode ser a causa de muitos processos não terem resultados satisfatórios. Precisamos entender e conhecer a nossa própria mentalidade e das outras pessoas, pois é esta que gera as grandes dificuldades humanas. Tudo que vemos no mundo ou vivemos é uma projeção da mente e sua mentalidade, e, se não houver mudanças, continuaremos produzindo sempre as mesmas dificuldades. Mudaremos talvez as formas externas mas não mudamos a essência, a mentalidade que cria as dificuldades continuará a mesma.

O que é abordagem Holo-Sistêmica

A visão holística e a visão sistêmica estão interligadas.

A visão holística vem de Holos e significa o Todo, ou seja, ter uma visão abrangente, ampliada, de cima. Ver toda a empresa e não apenas uma parte. Ver toda a cidade e não apenas sua casa. A visão holística é ver o Todo na parte, e esta parte ligada ao Todo. A visão holística é muito antiga, mas é simultaneamente muito avançada e é a grande busca humana, e relativamente poucas pessoas a alcançam. A visão holística, quando compreendida em profundidade, nos faz religar ao Todo e nos torna Unos, completos e perfeitamente felizes. Todos nós queremos algo maior e mais libertador, e isto podemos encontrar na visão holística.

Nas organizações e empresas é muito importante que os gerentes e dirigentes atuem a partir de uma visão holística, o que vai gerar a Excelência Organizacional. A visão holística caminha de mãos dadas com a visão sistêmica, e na realidade precisamos uni-las para atuarmos no nível holístico-sistêmico ou holo-sistêmico.

Sistêmico – A visão sistêmica é a interligação de tudo, a interdependência, nada existe separadamente. Tudo depende de tudo. Para vivermos precisamos do ar, da água, da terra, do fogo e sem estes elementos não existiríamos. Um objeto é formado a partir de elementos, e sem eles o objeto não poderia existir. Uma coisa gera a outra e assim por diante, indefinidamente. Uma empresa só existe porque todos os recursos, processos e pessoas estão lá presentes. Então numa folha de papel podemos ver a árvore, a chuva, o sol, a terra, e os operadores das máquinas que fizeram o papel.

Uma pessoa que não foi ao trabalho num dia afeta toda a empresa, um radar de aeroporto que deixa de funcionar por algumas horas afeta vários voos, que afetam muitas pessoas em cidades muito distantes do aeroporto onde o radar falhou. Tudo é movimento e mudança, é conexão, uma rede complexa de relações.

Nas organizações há necessidade de ações coordenadas e harmônicas das pessoas.

Ter visão sistêmica implica trabalhar em equipe, onde cada membro contribui para a coletividade com aquilo que tem de melhor. Implica conhecer as variáveis que afetam de forma significativa os resultados. Os sistemas abertos, como as organizações humanas, são dinâmicos e não podem ser tratados como se fossem estáticos. Por meio da visão sistêmica, fica fácil compreender o porquê de se levar em consideração, de forma equilibrada, as necessidades dos clientes, dos empregados, dos acionistas e da sociedade em geral.

As aplicações do sistema ISOR®

O Sistema ISOR® contém um vasto conjunto de instrumentais, referenciais e ferramentas que pode ser utilizado para diversas atividades de desenvolvimento e transformação de pessoas e organizações. Exemplos:

• Capacitação e Instrumentação e Certificação para atividades de Self-Coaching, Coaching, Mentoring ou Counseling em ambientes organizacionais ou atividades autônomas

• Práticas de Self-Coaching

• Formação de Líderes de Alta Performance (ou Líderes-Coach)

• Aplicação sistemática em Consultoria e Orientação de Pessoas

• Instrumentação de gerentes, consultores, instrutores, empresários, e todos os que buscam novos suportes e ferramentas para desenvolvimento da Performance Pessoal e Profissional

• Formação de Consultores Internos

• Mentoria direta a pessoas e profissionais

• Desenvolvimento das Competências Pessoais e Profissionais

• Desenvolvimento do clima interno como um todo e transformação das organizações num excelente lugar para trabalhar.

- Desenvolvimento da Gestão, Liderança, Construção e Sinergia de Equipes
- Suporte para Gestão de Pessoas e Processos de Motivação/Sucesso de Projetos
- Autodesenvolvimento e cultivo da Maestria Pessoal
- Construção de Diferencial Qualitativo e Humano
- Elaboração e Aplicação de Programa de Qualidade de Vida
- Ampliação da Mentalidade na Gestão Pessoal e Profissional

Por que Counseling, Coaching, Mentoring e Holomentoring®?

Nos últimos 20 anos o Instituto Holos tem se dedicado, por opção, em fornecer seu acervo técnico para formação de profissionais que exerçam integradamente as metodologias Counseling, Coaching, Mentoring e Holomentoring® para atender as diferentes necessidades das pessoas. Algumas têm questões mais comuns e outras trazem situações de elevado grau de complexidade. Aplicar apenas uma metodologia pode ser insuficiente, e aí recorremos às outras metodologias complementares quando necessário.

Dependendo do momento e da situação pode ser mais conveniente o Counseling, ou Coaching ou o Mentoring ou o Holomentoring®, cada uma com seu foco próprio.

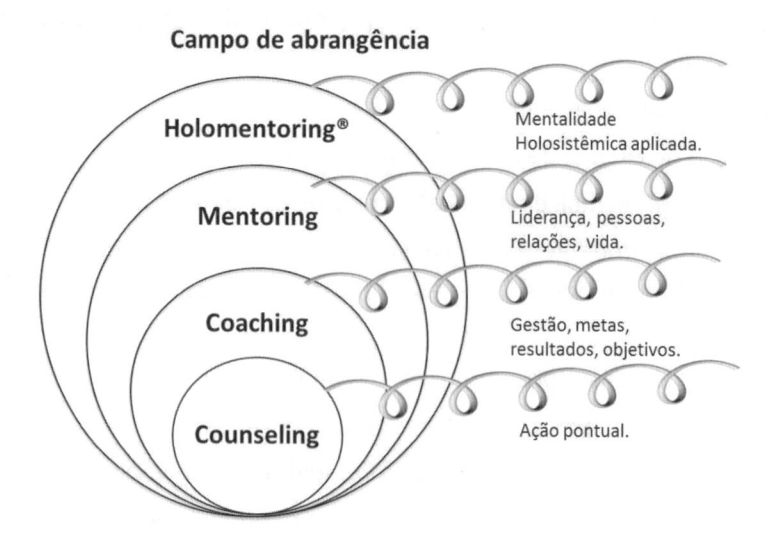

Campo de abrangência

- **Holomentoring®** — Mentalidade Holosistêmica aplicada.
- **Mentoring** — Liderança, pessoas, relações, vida.
- **Coaching** — Gestão, metas, resultados, objetivos.
- **Counseling** — Ação pontual.

O Sistema ISOR® também é utilizado como suporte prático de atividades de Self-Coaching, Coaching, Mentoring e Couselling. Seu diferencial com relação a outras tecnologias ou metodologias é sua abrangência, amplitude e por referenciar sistemicamente e interconectar temas fundamentais do Ser Humano em todos os campos de atividade: pessoal, profissional ou social.

Utilização do sistema ISOR® em atividades de Coaching e Mentoring

Os principais referenciais do Sistema ISOR® – todos apresentados em forma gráfica – são utilizados pelo Coach ou Mentor durante as sessões de Coaching e/ou Mentoring. Após todo o treinamento do Coach no Sistema ISOR®, o mesmo estará apto para iniciar suas atividades. Basicamente, o gráfico temático é apresentado ao coachee, e a partir desta exposição são feitas as considerações e diálogo entre o Coach e o coachee, procurando-se relativizar o referencial com a realidade atual, de modo a se buscar maior entendimento e compreensão do tema e da realidade vivida. Posteriormente, o coachee é instigado a elaborar suas próprias soluções de aperfeiçoamento, a planejar e implementar suas mudanças pessoais ou profissionais.

Como atua um Coach e/ou Mentor com o Sistema ISOR®

Fase 1 – Instrumentação do cliente – temas pré-agendados

Nós vamos na raiz das dificuldades do cliente. Repassamos vários aspectos da vida cotidiana do cliente, porém com visão mais ampliada, o que permite de forma rápida e eficiente mudanças e readequações em vários aspectos da vida pessoal e profissional. Algumas dificuldades desaparecem por si só, mediante nova compreensão ou visão.

Fase 2 – Questões do cliente – temas livres

Trabalhamos questões ou necessidades específicas do cliente, usando como base ou pano de fundo os referenciais ISOR® já anteriormente repassados, possibilitando uma linguagem comum e processo mais profundo e sinérgico entre o profissional e o cliente.

Fase 3 - Automentoring e Coaching

Após a experiência do cliente, ele certamente estará apto a fazer o Mentoring e Coaching por si mesmo. Ou seja, cumprimos nossa missão de instrumentar, ajudar e depois liberar o cliente a andar por conta própria.

Fundamentação do Sistema ISOR®

Após a experiência do cliente, ele certamente estará apto a fazer o Mentoring e Coaching por si mesmo. Ou seja, cumprimos nossa missão de instrumentar, ajudar e depois liberar o cliente a andar por conta própria.

Fundamentos	Ação
Condução da Tríplice Tensão Energética do Cérebro	Ativação e integração dos campos racional, intuitivo e operacional do cérebro.
Mentalidade	Ativação da Mentalidade Multidimensional (holística) e do Pensamento Sistêmico e Complexo.
Os Motivadores Humanos Básicos	Motivadores ou impulsores de Sobrevivência, Reprodução e Reunificação, ligados aos movimentos terrestres nos quais estamos contidos; rotação, translação e movimento da galáxia.
Capacidade de Gestão e Condução	Utilização dos referenciais de Ordenação da Mente e Tomada de Decisão. Os passos do pensamento científico relativizados com os três campos mentais.
Utilização de Quadros de Referência Temáticos	Necessidade humana de entender e referenciar suas ações – utilização de referenciais em forma de gráficos, sintéticos, holográficos e integrados entre si, autoexplicativos, de fácil assimilação e aplicação, tornando prático o pensamento holístico e sistêmico.
Campo Tensorial ou Energia Sutil	A energia como pano de fundo de todos os eventos e que se torna uma base invisível que orienta a direção das ações. Clima Organizacional. Campo Morfogenético. Teoria de Campo. Campo Tensorial de Einstein.

A Sinergia	As polaridades energéticas a serem direcionadas nas equipes e relações institucionais para complementaridade e diminuição dos jogos de poder.
Os Critérios de Relação	Referenciais para cultivo de relações harmônicas, com coerência ou Isomorfismo. Posturas focadas e centradas.
Atuação Prestadia	Capacidade humana de amar e beneficiar seu próximo. A ecologia profunda do Sistema ISOR®.
As Macrocompetências	Ativação de potencialidades internas para atividades isomórficas e de Alta Performance pessoal e profissional. As sete Macrocompetências.
Visão Apreciativa	Capacidade de ver o Ser Humano nos seus aspectos positivos e potencializados.
Automotivação	Integração com o Todo gera pessoas automotivadas. A visão da Unidade ou UM e superação dualista.
Superação de Conflitos	Desfazer os conflitos na mente e ativar a alegria de viver. Empresas com mais sinergia e menos conflitos e jogo de poder.
Sabedoria de Campo	Ativação da Sabedoria inerente a cada Ser Humano. Teoria U de Otto Scharmer.

Concluo aqui esta breve apresentação do Sistema ISOR® como ferramenta de Coaching e Mentoring Holo-Sistêmico.

Fico à disposição dos leitores que desejem maiores esclarecimentos ou que queiram apresentar suas considerações e sugestões.

Entendo que ISOR® é um sistema aberto, e que pode ser utilizado de diferentes formas e atividades bem como cada referencial poderá ser relativizado com os diferentes saberes e conhecimentos dos seus usuários.

Faça parte deste time de SUCESSO!

A Editora Leader tem uma coletânea de livros sobre Coaching*, uma das mais poderosas ferramentas da atualidade.

Confira!

E novos títulos estão a caminho.

Acesse nosso site. Conheça, também, a variedade de opções que preparamos para você.

Editora Leader

(11) 3991 6136
contato@editoraleader.com.br

www.editoraleader.com.br